IT 업무의 기본이 되는

컴퓨터의 본질을 알려주는 하드웨어·소프트웨어·자료구조·네트워크·보안의 핵심 개념

컴퓨터 구조 원리 교과서

야자와 히사오 지음 | 김현옥 옮김

보누스

들어가는 말

            필자는 약 30년 전부터 IT 기업을 대상으로 한 세미나에서 강사로 일하고 있습니다. 수강자는 신입 사원 또는 입사 후 몇 년이 지난 중견 사원입니다. 명색이 컴퓨터 프로라는 젊은 기술자들을 만나며 느낀 점은 왕년의 기술자들에 비해 기술을 향한 관심도가 놀라울 만큼 낮다는 겁니다. 수강자들이 모두 그렇다는 건 아니지만, 그런 사람들이 많다는 점은 사실입니다. 이런 현상은 "더 공부해!", "네가 그러고도 프로냐!"라고 일갈해서 해결할 수 있는 문제가 아닙니다.

   그들에게 컴퓨터가 밥 먹는 일을 깜빡할 만큼 재미있지 않다는 게 원인이기 때문이죠. 왜 컴퓨터가 재미있지 않을까요? 몇몇 수강자들과 이야기를 나누다 보니 이유가 눈에 들어왔습니다. 컴퓨터를 '모르기' 때문이었습니다. 그렇다면 왜 모를까요?

   현재 컴퓨터 기술은 무시무시한 속도로 복잡하게 발전하고 있으며, 그 범위와 종류도 너무나 많아 보입니다. 그래서 기술 하나하나에 깊게 몰두할 여유가 거의 없다시피 한 것이 원인입니다. 슬쩍 매뉴얼을 보고, 표면적인 기술 사용법만 배우고는 대충 목적을 달성했다며 넘어가는 게 요즘 세태인 듯합니다. 물론 사용법을 익히는 일도 나름대로 학습 시간이 꽤 오래 걸립니다. 그러나 이렇게 제대로 알지도 못하고 기술을 접하면, 절대로 이해했다는 생각이 들지 않습니다. 이해도 안 가는 것을 하고 있어 봐야 무슨 재미가 있겠어요. 깊게 공부할 의욕이 안 납니다. 뭐가 뭔지도 모르는 기술을 사용하고 있으니 더 불안해지기만 하죠. 안타깝게도 좌절하며 이 세계를 떠나는 사람들도 있습니다. 필자가 강사라 그런지 '어떻게 하긴 해야 할 텐데.'라는 마음이 들었습니다.

왕년의 기술자들은 복잡한 최신 기술이 나와도 크게 시간을 들이지 않고 이해할 수 있었습니다. 초기 마이크로컴퓨터와 PC를 일반인들도 구할 수 있는 시절이 되자 운 좋게 컴퓨터를 접할 수 있었고, 몇 안 되는 기술을 천천히 들여다보며 컴퓨터의 기초 지식을 배울 수 있었기 때문입니다.

기초 지식은 사실 지금도 거의 달라진 게 없습니다. 따라서 복잡한 최신 기술이더라도 컴퓨터 기초 지식에 적용해 생각하면 쉽게 이해할 수 있죠. 젊은 기술자들과 똑같은 매뉴얼을 볼 때도, 요점을 숙지해 실체를 파악하는 속도가 현격히 빠릅니다.

무슨 일이든 마찬가지지만, 뭔가를 통달하려면 알아야 할 '지식 범위'가 있고 각각의 지식에는 '핵심 기초'가 있는 법입니다. 그리고 이를 갖추면 어엿한 '최종 목표'가 생기죠. 이 책의 목적은 여러분이 컴퓨터 기술의 지식 범위, 반드시 이해해야 하는 핵심 기초, 최종 목표 등을 익힐 수 있게 돕는 것입니다. 이제부터 컴퓨터로 뭔가 만들어보고 싶지만 어려울 것 같아 망설였던 분들, 컴퓨터 업계에 있으면서도 최신 기술을 따라잡지 못해 고민하던 분들이 컴퓨터의 본질을 이해할 수 있기를 바랍니다. 컴퓨터는 매우 단순한 장치라 누구나 이해할 수 있습니다. 컴퓨터를 이해하면 컴퓨터가 더욱더 재미있어질 겁니다.

이 책의 초판본은 2003년에 발간해 약 20년에 걸쳐 많은 이에게 사랑받았습니다. 이번 개정판을 맞아 컴퓨터 회로도를 Z80 마이크로컴퓨터에서 COMET II로, VBScript의 프로그램을 Python으로, DBMS를 Microsoft Access에서 MySQL로 변경했고, 그 외에도 많은 것을 추가로 집필하거나 수정했지만, 기본적인 내용은 초판본과 크게 다르지 않습니다. 이는 지금도 컴퓨터 기술의 지식 범위와 핵심 기초와 최종 목표에는 큰 변화가 없기 때문입니다.

야자와 히사오

제1장 컴퓨터의 3대 원칙이란?

제2장 컴퓨터를 만들어보자

제3장 한번은 체험해 봐야 할 어셈블리어

제4장 강물처럼 흘러가는 프로그램

COLUMN 세미나 현장에서

제5장 알고리즘과 사이좋게 지낼 수 있는 7가지 포인트

제6장 자료구조와 사이좋게 지낼 수 있는 7가지 포인트

제7장 객체 지향 프로그래밍을 이야기할 수 있는 힘을 기르자

COLUMN   세미나 현장에서

XML이란 무엇인가

SE는 컴퓨터 시스템 개발의 현장감독

책에서 해설할 주요 키워드

핵심 기초

제1장 컴퓨터의 3대 원칙이란?
입력, 연산, 출력, 명령, 데이터, 컴퓨터의 특성, 컴퓨터가 발전하는 이유

지식 범위

프로그래밍

제4장 강물처럼 흘러가는 프로그램
순차, 분기, 반복, 순서도, 구조적 프로그래밍, 이벤트 및 드리븐

제5장 알고리즘과 사이좋게 지낼 수 있는 7가지 포인트
유클리드 호제법, 소수, 학귀산, 선형 탐색, 보초법

제6장 자료구조와 사이좋게 지낼 수 있는 7가지 포인트
변수, 배열, 스택, 큐, 구조체, 자기 참조 구조체, 리스트, 이진 트리

제7장 객체 지향 프로그래밍을 이야기할 수 있는 힘을 기르자
클래스, 모델링, UML, 메시지 전달, 상속, 캡슐화, 다형성

최종 목표

제12장 SE는 컴퓨터 시스템 개발의 현장감독
폭포수 모델, 리뷰, 모듈화, IT 솔루션, 가동률

이 책을 읽으면 컴퓨터 기술의 핵심 기초, 지식 범위, 최종 목표를 알 수 있다!

하드웨어와 소프트웨어

제2장 컴퓨터를 만들어보자
CPU, 메모리, I/O, 클록 신호, IC, 데이터선, 주소선, 제어선

제3장 한번은 체험해 봐야 할 어셈블리어
기계어, 레지스터, 주소, 어셈블러, 피연산자, 명령 코드

데이터베이스

제8장 만들면 이해가 가는 데이터베이스
관계형 데이터베이스, DBMS, 정규화, 인덱스, SQL, 롤백

네트워크

제9장 네트워크 명령으로 네트워크 시스템을 확인
MAC 주소, IP 주소, DHCP, 라우터, DNS, TCP, 포트 번호

보안

제10장 데이터를 암호화해 보자
평문, 암호문, 키, 공통키 암호 방식, 디지털 서명

데이터 형식

제11장 XML이란 무엇인가
마크업 언어, 메타 언어, CSV, 이름 공간, DTD, DOM, MathML

이 책은 총 12장으로 구성돼 있으며 각 장은 워밍업, 이 장의 포인트, 본문으로 돼 있습니다. 여기에 칼럼이 몇 편 있습니다.

■ 워밍업

각 장의 서두에는 워밍업 겸 간단한 퀴즈가 실려 있으니 꼭 도전해 보세요. 본문 설명을 흥미롭게 읽을 수 있습니다.

■ 이 장의 포인트

본문에서 설명하는 주제를 정리한 첫 문단입니다. 자신에게 해당 장의 내용이 필요한지 아닌지 확인할 수 있으니 읽어보기를 바랍니다.

■ 본문

여러분에게 이야기를 들려주는 스타일로, 본문을 진행합니다. 각 장의 주제에 맞는 관점에서 컴퓨터가 작동하는 구조를 설명합니다. Python이나 C 언어의 샘플 프로그램이 등장할 때가 있지만, 해당 지식이 없더라도 이해할 수 있게 작성했습니다.

■ 칼럼 '세미나 현장에서'

지금까지 필자가 강사로 일해온 세미나 현장에서 겪은 몇 가지 경험담을 소개합니다. 어떨 때는 강사의 관점으로, 또 어떨 때는 수강자의 관점으로 읽어보세요. 분명 큰 도움이 될 겁니다.

- 이 책은 특정 하드웨어 제품과 소프트웨어 제품에 의존하지 않는 지식을 제공하려고 노력하고 있습니다. 단, 구체적인 예시를 나타낼 때면 Windows 컴퓨터, Windows 11 등을 소재로 활용합니다. 또 각 소프트웨어는 책의 집필 시점에서 최신 버전을 기반으로 기술하고 있으나, 향후 버전 업그레이드로 내용이 변경될 수 있으니 양해 바랍니다.
- 본문에서 예시로 제시하는 웹 서버 도메인명, 일본 이름과 단어 등은 국내 사정에 맞게 수정했습니다. 다만 제1장의 중급 문제로 제시된 일본 글자는 저자의 의도와 목적을 드러내는 데 적합하기에 그대로 두었습니다.

제 **1** 장

컴퓨터의
3대 원칙이란?

워밍업

본문을 읽기 전, 워밍업으로 아래 퀴즈에 도전해 보세요.

퀴즈

초급 문제

하드웨어와 소프트웨어의 차이는 무엇일까요?

중급 문제

일본 글자 ﾘﾝｺﾞ의 반각 문자열은 몇 자일까요?

상급 문제

코드(code)란 무엇일까요?

어떤가요? 다시 보니 간결하게 답하기 어려운 문제도 있지 않았나요?
정답과 해설은 아래에 있습니다.

정답

초급 문제 : 컴퓨터 본체, 디스플레이, 키보드 등처럼 손으로 만질 수 있는 장치가 하드웨어입니다. 컴퓨터로 실행되는 프로그램의 명령과 데이터는 소프트웨어입니다. 소프트웨어는 손으로 만질 수 없습니다.

중급 문제 : ﾘﾝｺﾞ 의 반각 문자열은 4자입니다.

상급 문제 : 코드는 컴퓨터로 취급하기 위해 수치화한 정보입니다.

해설

초급 문제 : 하드웨어(hardware)란 '딱딱한 것'을 의미합니다. 소프트웨어(software)란 '부드러운 것'을 의미합니다. 손으로 만질 수 있는지 아닌지를 딱딱함과 부드러움으로 표현한 것입니다.

중급 문제 : 반각 문자에서는 탁점을 독립된 한 글자로 칩니다. ﾘﾝｺﾞ 의 반각 문자열은 ﾘ, ﾝ, ｺ, ﾞ 로 4자입니다. 전각 문자열이라면 リ, ン, ゴ로 3자입니다.

상급 문제 : 컴퓨터는 원래 수치가 아닌 정보이더라도 내부적으로 수치로 취급해 이를 코드라고 부릅니다. 예를 들어 글자를 수치로 표시한 것은 '문자 코드'이고, 색을 수치로 표시한 것은 '색상 코드'입니다.

현재는 컴퓨터가 고도로 복잡해 보이지만, 기본 구조는 놀랄 만큼 단순합니다. 초기 컴퓨터 시대 이후로 거의 바뀐 것이 없죠. 컴퓨터를 다룰 때 핵심 기초라고 부를 수 있는 것은 오직 3개뿐입니다. 이를 '컴퓨터의 3대 원칙'이라고 부르도록 하겠습니다. 아무리 고도로 난해한 최신 기술이라도, 3대 원칙에 비춰 설명할 수 있습니다.

컴퓨터의 3대 원칙을 알면 눈앞이 순식간에 환해지는 느낌을 받을 겁니다. 그 어느 때보다 컴퓨터가 친근하게 느껴질지도 모릅니다. 새로운 기술이 계속 연이어 고안되는 이유도 이해할 수 있습니다. 이 책의 내용은 이번 장에서 설명하는 컴퓨터의 3대 원칙을 기반으로 해서 하드웨어와 소프트웨어, 프로그래밍, 데이터베이스, 네트워크, 컴퓨터 시스템으로 전개됩니다. 제2장 이후에도 항상 컴퓨터의 3대 원칙을 염두에 두고 읽어주기를 바랍니다.

■ 컴퓨터의 핵심 기초는 3가지다

그럼 곧바로 컴퓨터의 3대 원칙이 무엇인지 이야기해 보겠습니다.

1. 컴퓨터는 입력, 연산, 출력을 하는 기능이 있음
2. 프로그램은 명령과 데이터의 집합체임
3. 컴퓨터는 작동 방식의 특성상 인간의 감각과 다를 때가 있음

컴퓨터는 하드웨어와 소프트웨어로 구성돼 있습니다. 하드웨어와 소프트웨어의 차이는 게임기(하드웨어)와 게임(광디스크나 게임 카드에 수록된 게임 소프트웨어)의 차이라고 생각하면 됩니다. 3대 원칙 중 첫 번째는 하드웨어, 두 번째는 소

프트웨어에 각각 대응되는 원칙입니다. 이와 함께 중요한 것은 세 번째 원칙으로, 사람과 다른 컴퓨터만의 특성이 있다는 점입니다. 컴퓨터는 특성상 인간의 감각과 맞지 않는 경우가 수없이 많다는 것을 알아야 합니다.

컴퓨터의 3대 원칙은 대략 40년 넘게 컴퓨터와 관련된 일에 종사해 온 필자가 절실하게 느낀 것입니다. 이 책을 여러분 주변에 있는 컴퓨터에 빠삭한 분들에게 보여줘 보세요. "이 말이 맞아.", "이건 당연한 거잖아."라고 대답할 겁니다. 왕년의 기술자들은 무의식중에 컴퓨터의 3대 원칙을 익혀왔습니다. 아직 컴퓨터와 관련한 일에 깊이 몸담고 있지 않은 사람은 당장 감이 오지 않을지도 모르지만, 3대 원칙의 구체적인 이미지를 이해할 수 있게 설명하려고 하니 걱정하지 않아도 됩니다.

■ 하드웨어의 기초는 입력, 연산, 출력

먼저 하드웨어의 기초부터 설명해 보겠습니다. 컴퓨터를 하드웨어적으로 보면 입력, 연산, 출력, 이 3가지 작동을 하는 기계라고 할 수 있습니다. 컴퓨터 하드웨어는 여러 개의 IC(Integrated Circuit. 집적회로)로 구성됩니다.(그림 1.1) 각 IC에는 수많은 핀이 삽입돼 있습니다. 이 핀들은 입력용 또는 출력용 중 하나입니다.

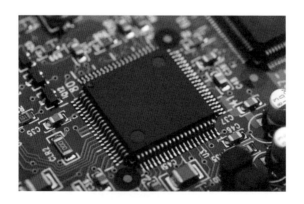

그림 1.1 IC의 핀은 입력용 또는 출력용 중 하나다

IC 몇 개가 연계해 외부에서 입력된 정보를 내부에서 연산하고, 그 결과를 외부로 출력합니다.

연산이라고 하면 어렵게 들릴지도 모르겠지만, 계산과 같은 뜻입니다. 예를 들어 1과 2라는 정보를 '입력'해서 그것들을 가산하는 '연산'을 하고, 결과인 3을 '출력'하는 것이 바로 컴퓨터입니다.

개인용 컴퓨터뿐만 아니라 대규모 업무 시스템을 보든 특정한 프로그램을 만들든 항상 입력, 연산, 출력을 세트로 생각하는 것이 중요합니다. 이 3가지밖에 할 줄 모르기 때문에 컴퓨터는 단순하다고 할 수 있습니다.(그림 1.2)

'아냐, 아냐. 그건 거짓말이야. 컴퓨터는 훨씬 더 다양하고 많은 일을 할 수 있다고.' 이렇게 생각하는 분들도 계실 테죠. 컴퓨터로 게임, 워드프로세서, 표 계산, 그래픽, 이메일, 웹 페이지 열람 같은 다양한 일들을 할 수 있는 건 분명 맞습니다. 하지만 아무리 복잡한 기능이더라도 입력, 연산, 출력을 한 단위로 보고, 그것들을 다양하게 조합해 원하는 바를 실현한다는 것은 틀림없는 사실입니다. 컴퓨터로 뭔가를 하려고 한다면 어떤 입력을 해서 어떤 출력을 얻어야 하는지, 그리고 입력에서 출력을 얻어내려면 어떤 연산을 하면 좋을지 생각해야 합니다.

입력, 연산, 출력은 꼭 한 세트로 묶여 있습니다. 어느 하나가 빠지는 일은 결코 있을 수 없습니다. 이유를 설명해 보죠. 현재 컴퓨터는 스스로 뭔가를 생각해 정보를 생성할 수 없습니다.

그림 1.2 **컴퓨터는 입력, 연산, 출력만 할 수 있다**

따라서 특정한 정보를 입력하지 않으면 컴퓨터는 작동하지 않습니다. 입력은 불가결한 요소입니다. 연산하지 않는 것도 어불성설입니다. 입력된 정보를 그대로 넘겨서(연산 없이) 출력만 하면 그것은 컴퓨터가 아니라 그냥 전선일 뿐이거든요. 연산 없이는 아무 의미가 없습니다. 입력된 정보를 연산하면 그 결과가 반드시 출력됩니다. 만약 결과를 출력하지 않았다면 그건 컴퓨터가 아니라 그냥 정보 쓰레기통이에요. 출력도 반드시 해야 합니다.

■ 소프트웨어는 명령과 데이터의 집합체

다음은 소프트웨어, 즉 프로그램의 기초입니다. 프로그램은 명령과 데이터의 집합체일 뿐입니다. 아무리 고도로 복잡한 프로그램이더라도 그 내용은 명령과 데이터로 구성돼 있습니다. 아주 단순하죠. 명령이란 입력, 연산, 출력을 컴퓨터에 지시하는 것입니다. 컴퓨터에 내리는 명령을 나란히 적어놓은 것이 바로 프로그램이에요. 입력, 연산, 출력 세트는 하드웨어의 기초로 설명했던 것과 일치하네요. 컴퓨터에 내리는 명령이 컴퓨터의 하드웨어 작동과 일치하는 것은 당연한 결과입니다.

프로그래밍에서는 한 덩어리의 명령군에 이름을 붙여 '함수', '구문', '메서드', '서브루틴', '부프로그램' 등으로 부릅니다. 잠깐 여담이지만, 컴퓨터 업계에서는 같은 것을 지칭하는 데도 다양한 용어를 쓴다는 점에 주의해야 합니다. 어떤 한 가지 이름을 쓰고 싶다면 일반적으로 쉽게 통용되는 함수로 부르는 것을 추천합니다.

데이터는 명령의 대상입니다. 프로그래밍에서는 데이터에 이름을 붙여 이를 '변수'라고 부릅니다. 여러분은 변수와 함수라는 단어에서 수학을 상상할 테죠. 정확하게 상상한 그대로, 많은 프로그래밍 언어에서는 다음과 같은 구문이 사용됩니다.

```
y=f(x)
```

이것은 수학 함수와 같은 표현으로, f라는 이름의 함수에 x라는 변수를 입력하면 함수 내부에서 몇 가지 연산이 실행되고, 그 결과가 변수 y에 대입(출력)되는 것을 의미합니다. 모든 정보를 수치로 표현해 그것을 연산하는 것이 컴퓨터이기 때문에, 프로그래밍 언어의 구문이 수학과 닮은 것은 당연합니다. 둘 다 숫자를 다루니까요. 수학의 변수와 함수의 이름은 한 글자로 표기하는 일이 많지만, 프로그램의 변수와 함수의 이름은 여러 글자를 사용하는 경우가 자주 있습니다.

```
answer=function(data)
```

위의 예시처럼 긴 이름을 사용한 표현을 많이 쓰는 거죠. 오히려 이렇게 하는 것이 일반적입니다.

프로그램이 명령과 데이터의 집합체라는 증거를 보여드리겠습니다. List 1.1을 보세요. 이건 'C 언어'라는 프로그래밍 언어로 기술한 프로그램 일부입니다. C 언어에서는 명령 끝에 세미콜론(;)을 찍습니다.

List 1.1 C 언어의 프로그램 예(일부)

```
int a, b, c;
a = 10;
b = 20;
c = average(a, b);
```

int a, b, c; 이 부분은 'a, b, c라는 이름으로 정수의 변수를 준비하라.'라는 의미입니다. int는 integer의 약자로 '정수'라는 것을 컴퓨터에게 지시하고 있습니다. 다음 행을 봅시다.

```
a = 10;
```

변수 a에 10이라는 값을 대입했습니다. b＝20;도 마찬가지로 변수 b에 20이라는 값을 대입했습니다. 이퀄(＝)은 '값을 대입하라.'라는 명령입니다. 마지막 행을 보면 이렇습니다.

```
c = average(a, b);
```

여기서 사용된 average라는 이름의 함수는 두 인수(함수의 괄호 안에 지정한 데이터)의 평균값을 반환해 주는 것이라고 생각하면 됩니다. 이 함수의 인수에 변수 a와 b를 넣어 그 연산 결과를 변수 c에 대입합니다. 즉 c＝average(a, b);는 '함수 average를 불러내(함수를 사용하는 것을 불러낸다고 표현함) a와 b의 평균값을 구하고 그 결과를 변수 c에 대입하라.'라는 명령입니다. 위 내용만 봐도 확실히 프로그램은 명령과 데이터만으로 구성된다는 것을 알 수 있죠.

이렇게 설명해도 조금이나마 프로그래밍 경험이 있는 사람이라면 'List 1.1에 표현한 프로그램은 앞뒤가 잘 맞아떨어지는 간단한 예시일 뿐이다. 본격적인 프로그램은 더 다양한 표현이 사용되는 복잡한 것인데 이러면 명령과 데이터의 집합체라고 딱 잘라 말할 수 없는 것 아닌가?'라고 생각할지도 모릅니다. 하지만 그렇지 않습니다. 아무리 복잡한 프로그램이라도 명령과 데이터의 집합체에 지나지 않습니다. 이것도 증거를 보여드리죠.

일반적인 프로그래밍에서는 C 언어 같은 프로그래밍 언어로 기술된 파일(소스 코드라고 부름)을 기계어(네이티브 코드라고 부름) 파일로 변환한 다음에 실행합니다. 기계어로 변환하는 것을 컴파일이라고 부릅니다. List 1.1을 sample.c라는 파일명으로 저장하고 이를 컴파일해서 sample.exe라는 실행 프로그램 파일을 만들었다고 치죠. 파일 내용을 보는 툴(tool)로 sample.exe의 내용을 보면 List 1.2 같다는 것을 알 수 있습니다. 단순한 수치(여기서는 16진수로 표시)의 나열입니다. 이것이 바로 기계어입니다.

List 1.2 기계어 프로그램의 예시

```
C7 45 FC 01 00 00 00 C7 45 F8 02 00 00 00 8B 45
F8 50 8B 4D FC 51 E8 82 FF FF FF 83 C4 08 89 45
F4 8B 55 F4 52 68 1C 30 42 00 E8 B9 03 00 00 83
```

뭐든 괜찮으니 List 1.2에 표현된 수치 하나를 손가락으로 가리켜보세요. 그 수치는 뭘 의미할까요? 대입이나 가산 같은 명령의 종류를 나타내는 수치거나, 명령의 대상인 데이터를 표시하는 수치 중 하나입니다. 예를 들면 첫 번째 수치인 C7이 명령이고, 두 번째의 45가 데이터입니다.(어디까지나 이미지이지만) 여러분이 사용하는 Windows 컴퓨터 안에는 .exe 확장자의 실행 프로그램 파일이 여러 개 있을 겁니다. 어떤 프로그램이든 그 내용은 수치로 나열돼 있고, 각각의 수치는 명령 또는 데이터 중 하나입니다.

■ 컴퓨터는 뭐든 수치로 나타낸다

3대 원칙의 마지막은 컴퓨터가 나름의 방식으로 작동한다는 것입니다. 컴퓨터 자체는 특정한 일을 해주지 않습니다. 만약 컴퓨터가 자발적으로 일을 해준다면, 필자는 몇백 대의 컴퓨터를 사들여 1년 내내 일을 시키겠죠.

하지만 그렇게 돈을 벌어다 주는 컴퓨터는 없습니다. 컴퓨터는 인간이 사용하는 도구일 뿐이니까요. 인간은 지금까지 수작업으로 했던 일들을 효율적으로 하기 위해 컴퓨터를 사용합니다. 예를 들어 워드프로세서를 이용하면 문서 작성을 효율적으로 할 수 있습니다. 이메일은 우편 배달을 효율적으로 대체하는 수단이죠. 효율화 도구인 컴퓨터는 몇 가지 수작업 업무를 치환하는 존재입니다. 하지만 수작업을 그 형태 그대로 치환하지 못하는 경우가 많습니다. 즉 컴퓨터의 작동 방식에 맞춘 치환인 터라 인간의 감각에 맞지 않는 경우가 있습니다. 이 점을 충분히 의식해야 합니다.

컴퓨터의 이 같은 특성을 보여주는 대표적인 예는 모든 정보를 수치로 나타낸다는 점입니다. 이것이야말로 인간의 감각과 맞지 않는 점 중 으뜸이라 할 수 있겠죠. 예를 들어 인간은 색의 정보를 '파랑' 또는 '빨강'이라는 단어로 표현합니다. 이것을 컴퓨터의 이 같은 특성에 맞게 치환하려면 파란색은 '0,0,255', 빨간색은 '255,0,0', 파란색과 빨간색을 섞은 보라색은 '255,0,255'와 같이 수치로 표현해야 합니다. 색뿐만이 아니라 문자도 컴퓨터 내부에서는 '문자 코드'라고 부르는 수치로 취급합니다. 뭐가 됐든 무조건 죄다 수치로 나타내는 것이 바로 컴퓨터입니다.

컴퓨터에 빠삭한 사람이 "여기서 파일을 열어서 파일 핸들을 얻은 다음…."이라는 식으로 어려운 이야기를 했다고 치죠. "공개키로 암호화한 문서를 비밀키로 복호화해서…."라는 이야기를 할지도 모릅니다. 자, 그럼 '파일 핸들'이란 과연 무엇일까요? 수치입니다. '공개키'라는 건 무엇일까요? 수치입니다. '비밀키'는요? 물론 수치입니다. 이처럼 컴퓨터가 다루는 것은 뭐든 다 수치입니다. 인간의 감각으로는 다소 생소하지만, 실로 단순합니다.

여기서 필자가 젊은 시절 겪었던 부끄러운 추억 이야기를 털어놔보겠습니다. 선배 프로그래머와 회의를 하고 있을 때였는데요. 필자는 "이 프로그램에서 다루는 ○○라는 데이터는 내부적으로 수치겠죠?"라는 질문을 하고 말았습니다. 선배는 기가 막혔는지 멍하니 입을 벌리고는 말했습니다. "당연한 거 아니냐?"

　뭐든 수치로 표현한다는 것 이외에도, 컴퓨터는 인간의 감각과 맞지 않게 작동할 때가 있습니다. 이것도 필자의 부끄러운 추억 이야기입니다. 학창 시절 물리 실험을 하다가 처음으로 키보드가 딸린 컴퓨터를 만져봤을 때의 일입니다. 실험 결과를 컴퓨터에 입력해 합격 여부를 판정하는데, 난생처음 만져보는 키보드라는 입력장치는 뭐라 형용하기 힘든 신기한 물건으로만 보였습니다. 선생님이 "제일 먼저 자기 이름을 입력해 봐라."라고 하시길래, '야자와'라고 입력하려고 필사적으로 글자를 찾았습니다. 일단 '야'를 입력했습니다. 그다음 '자'를 찾았지만 보이질 않길래 어쩔 수 없이 '사'를 입력하고, 마지막으로 '와'를 입력했습니다. 그러니까 '야사와'라고 입력한 거죠. 선생님은 그걸 보시더니 "자네 이름이 야사와인가?"라며 어이가 없다는 듯 말씀하셨습니다. 전 대답했습니다. "네? 그럼 어떻게 해요. '자' 키가 없었단 말이에요." 선생님도 받아치시더군요. "탁점 자판을 따로 쳐야지!" 분명 야마타(야마다) 군과 스스키(스즈키) 군도 필자와 비슷한 추억을 안고 있을 겁니다.

　인간의 감각으로 봤을 때 '야자와'는 3자입니다. 하지만 반각 문자만 입력할 수 있었던 당시 컴퓨터의 경우, '야자와'는 야, 사, (탁점), 와로 4자였던 거죠.(그림 1.3)

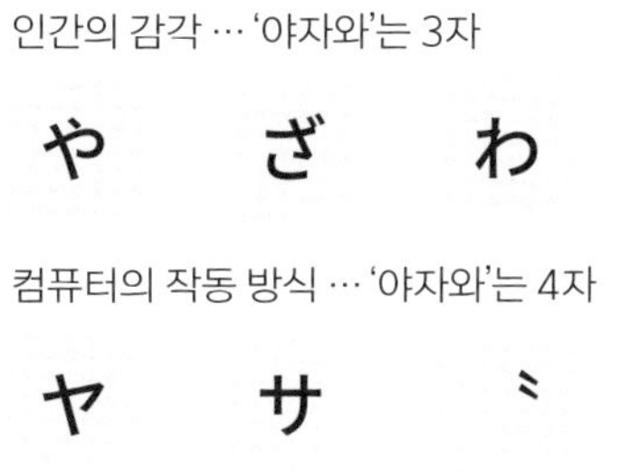

인간의 감각 … '야자와'는 3자

や　　ざ　　わ

컴퓨터의 작동 방식 … '야자와'는 4자

ヤ　　サ　　゛　　ワ

그림 1.3 인간의 감각과 다른 컴퓨터의 작동 방식

컴퓨터의 작동 방식을 이해하면 문제없지만, 이해를 못하면 컴퓨터를 도구로 쓰는 인간에게 곤란한 상황이 펼쳐집니다. 지금도 컴퓨터에는 인간의 감각과 맞지 않는 특성이 많이 있다는 점에 주의해야 합니다.

■ 컴퓨터는 인간에 근접하기 위해 꾸준히 발전한다

컴퓨터를 둘러싼 기술은 나날이 발전하기를 넘어서서 1초마다 발전(?)하는 맹렬한 속력으로 계속 발달하고 있습니다. '이 정도면 충분하니까 현재 기술에서 멈춰줬으면.'이라고 바라는 분들이 있을지도 모르지만, 컴퓨터는 발전을 멈추지 않을 겁니다. 왜냐하면 아직 완성 단계에 도달하지 않았기 때문이죠.

컴퓨터 기술이 발전하는 목적 대부분은 '인간에 근접하는 것'입니다. 인간에 근접하려면 컴퓨터의 작동 방식 때문에 인간의 감각과 괴리가 생기는 부분을 해소해야 합니다. 이를 컴퓨터의 3대 원칙 중 하나인 '컴퓨터에는 나름의 작동 방식이 있다.'라고 기억해 두면 좋아요.

예를 들어 반각 문자로 4자였던 필자의 이름은 전각 문자가 고안되며 다행스럽게도 3자로 줄어들었습니다. 쓰기 복잡했던 키보드라는 입력장치는 터치패널이라는 편한 입력장치로, 평면적인 2D(2차원) 게임은 입체적인 3D(3차원) 게임으로 발전했죠. 둘 다 컴퓨터의 작동 방식을 인간의 감각에 맞추려고 노력한 결과물입니다.

그렇게 되면 컴퓨터의 최종적인 진화 형태는 사람 같은 모습에 사람 말을 사용할 수 있는 로봇이 될지도 모릅니다. 그 예로 꽤 옛날이야기이긴 하지만, 1985년에 이바라키현 쓰쿠바시에서 개최된 '1985년 세계박람회'에서는 CCD 카메라로 악보를 읽고 피아노를 치는 로봇이 전시된 적이 있어요. '컴퓨터 음악은 PC로도 가능한 것 아냐?'라고 생각할지 모르겠지만, 인간과 똑같은 일을 할 수 있다는 점에 의미가 있습니다.

이 또한 꽤 옛날이야기인데, 혼다가 개발한 2족 보행 로봇이 화제가 된 적이 있었습니다. '왜 굳이 두 발로 걸어야 하는 거지? 그냥 바퀴로 움직이면 되는 거 아냐?'라고 생각할 수 있겠지만, 이 또한 인간과 똑같은 일을 할 수 있다는 점에 의미가 있습니다. 로봇은 인간 사회에서 사용됩니다. 악보와 피아노가 있으면 연주할 수 있고, 인간이 걸어 다니는 길이나 계단을 이동할 수 있는 쪽이 더 편리한 건 당연한 일이니까요.

PC도 옛날과 비교하면 인간에 많이 근접했습니다. 1980년대 중반 무렵에 주류였던 PC용 OS(Operating System)는 새까만 화면에 글자를 쳐서 명령하는 CUI(Character User Interface) 방식의 MS-DOS였습니다. MS-DOS는 1990년대에 들어서자 모니터 화면에서 마우스로 명령을 내리는 직관적인 방식인 GUI(Graphical User Interface) 방식의 Windows로 발전합니다.(그림 1.4)

여기서 더 나아가 Windows를 개발한 미국 Microsoft는 인간의 감각에 더 가까운 사용자 인터페이스(컴퓨터 조작 방법)를 목표로 했고, 그것을 '사용자 경험'(user experience)이라고 불렀습니다. 당시의 Windows XP나 Office XP의 뒤에 붙은 XP는 experience(경험)을 의미합니다. 이대로 Windows가 발전을 거듭하다 보면 언젠가 PC로 음성 입력을 하거나 손으로 입력하는 기능도 당연하게 사용하는 날이 오겠다는 상상을 한 적이 있는데, 그 상상은 진짜 현실이 됐죠. 이게 바로 컴퓨터의 발전 양상입니다.

독자 여러분 중에는 프로그래밍에 관심이 있는 분들도 계실 겁니다. 프로그래밍 기법도 발전했는데요. 그것은 바로 컴포넌트 기반 프로그래밍(Component Based Programming)과 객체 지향 프로그래밍(Object Oriented Programming)입니다. 둘 다 인간이 일하는 방식과 비슷한 감각으로 프로그래밍하는 것을 목적으로 발전한 개념입니다.

컴포넌트 기반 프로그래밍이란 컴포넌트(프로그램의 부품)를 조합해 프로그램

CUI의 모습

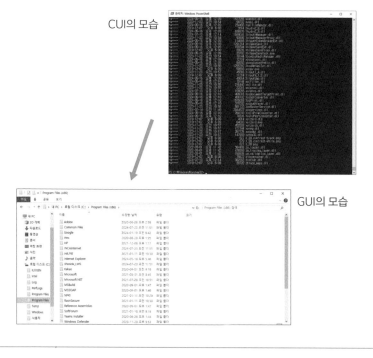

GUI의 모습

그림 1.4 PC용 OS도 인간의 감각에 근접하려고 발전 중이다

을 완성하는 방식입니다. 객체 지향 프로그래밍은 현실 세계의 물건이나 생물을 프로그램에 모델화해 치환하는 것입니다. 인간의 감각에 맞는 프로그래밍 방식을 사용해 효율적인 개발을 할 수 있죠.

하지만 컴포넌트 기반 프로그래밍을 경원시해, 기껏 다양한 컴포넌트를 이용할 수 있는데도 프로그램을 하나부터 열까지 죄다 자기 손으로 만들어야 직성이 풀리는 프로그래머가 있었습니다. 객체 지향 프로그래밍은 어려워서 이해하기 힘들다고 믿는 프로그래머도 있었고요.

이런 프로그래머들은 유독 왕년의 기술자 중에서 많이 보였습니다. 즉 컴퓨터의 작동 방식에 맞추는 데 익숙해진 나머지, 컴퓨터가 인간의 감각에 근접하게 발전한 모습이 오히려 번거로운 겁니다.

필자는 젊은 기술자든 베테랑 기술자든, 기술 발전을 진심으로 환영하며 순순히 현실을 받아들여야 한다고 생각합니다. 옛날 방식으로 만들어진 수제 전통 공예품이라면 가치가 있을지도 모르겠지만, 옛날 방식으로 만들어진 수제 프로그램을 좋아하는 사람은 없을 테니까 말입니다.

■ 다음 장을 위해 가볍게 예습하기

마지막으로 제2장을 예습할 겸, 컴퓨터(여기서는 데스크톱 컴퓨터를 가정) 하드웨어의 구성 요소를 간단하게 설명하겠습니다. 절대 어려운 이야기는 하지 않을 겁니다. 일단 그림 1.5를 보고 이미지를 파악해 보세요. 컴퓨터 내부는 주로 IC라고 불리는 장치로 구성됩니다.

IC에는 다양한 기능을 가진 것들이 있는데, 여러분이 기억해야 할 건 CPU(프로세서), 메모리 및 I/O(아이오), 이 3가지뿐입니다.

CPU는 컴퓨터의 두뇌로, 프로그램을 해석 및 실행하고 내부에서 연산을 진행해 메모리와 I/O를 제어합니다. 메모리는 명령과 데이터를 기억합니다. I/O는 컴

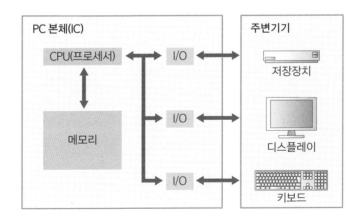

그림 1.5 컴퓨터 하드웨어의 구성 요소

퓨터 본체에 저장장치(하드디스크 또는 SSD), 디스플레이, 키보드 등의 주변장치를 접속해 데이터를 주고받죠.

여러분이 사용하는 Windows PC 안에는 일반적으로 CPU가 하나만 탑재돼 있습니다. 메모리는 기억 용량(4GB~8GB 정도)에 따라 여러 개가 탑재돼 있어요. I/O도 주변장치의 종류와 숫자에 따라 여러 개가 탑재돼 있습니다.

CPU, 메모리 및 I/O에 있는 핀을 서로 접속한 다음 각 IC에 전원을 공급하고 CPU에 클록 신호를 공급하면 컴퓨터 하드웨어가 완성됩니다. 실로 단순하죠. 클록 신호란 수정을 내장한 클록 제너레이터라는 이름의 부품이 발생시키는 전기 신호입니다. 현재 주류인 CPU는 3GHz~4GHz 정도의 클록 신호를 사용합니다.

여러분 모두 고생 많았습니다. 이걸로 제1장은 끝났습니다. 컴퓨터의 3대 원칙과 발전 목적이 이해되셨죠? 정말 중요한 내용이니 한 번 읽고 이해가 가지 않았다면 몇 번이고 다시 읽어보세요. 회사 동료들이나 학교 친구들과 함께 이 장에 나온 내용으로 토론해 보는 것도 좋겠네요. 선배 기술자들도 토론에 참여해 달라고 한다면, 한층 더 깊게 내용을 이해할 수 있을 겁니다.

제2장에서는 컴퓨터를 만들어보겠습니다. 만든다고 했지만, 회로도 배선을 색연필로 덧그리는 '유사 체험'입니다. 처음에는 굉장히 어렵게 느껴질지도 모르겠지만, 실제로 해보면 아주 간단합니다. 기대하세요!

제 2 장

컴퓨터를
만들어보자

워밍업

본문을 읽기 전, 워밍업으로 아래 퀴즈에 도전해 보세요.

퀴즈

초급 문제

CPU는 무엇의 약자일까요?

중급 문제

Hz는 무엇을 나타내는 단위일까요?

상급 문제

CPU가 가진 주소선이 16비트일 경우, 지정할 수 있는 주소의 범위는 어떻게
될까요?

어떤가요? 다시 보니 간결하게 답하기 어려운 문제도 있지 않았나요?
정답과 해설은 아래에 있습니다.

정답

초급 문제 : CPU는 Central Processing Unit(중앙처리장치)의 약자입니다.

중급 문제 : Hz(헤르츠)는 주파수를 나타내는 단위입니다.

상급 문제 : 2진수로 0000000000000000~1111111111111111(10진수로
0~65535)입니다.

해설

초급 문제 : CPU는 컴퓨터의 두뇌이며, 프로그램 내용을 해석 및 실행합니다. CPU를
'프로세서'라고도 부릅니다.

중급 문제 : CPU를 작동시키는 클록 신호의 주파수는 Hz라는 단위로 나타냅니다. 1초
간 1번의 클록 신호를 생성하는 것이 1Hz이기 때문에, 예를 들어 3GHz(기
가헤르츠)라면 3X10억=30억 번/초입니다. G(기가)는 10억이라는 뜻입
니다.

상급 문제 : CPU는 주소선을 사용해 메모리와 I/O의 주소를 지정합니다. 1개의 전선
으로 1bit(2진수의 한 자릿수)를 전달하므로 주소선이 16비트면 000000
0000000000~1111111111111111의 범위에서 주소를 지정할 수 있
습니다. 이 범위를 10진수로 나타내면 0~65535입니다.

컴퓨터의 근본적인 작동 원리를 알기 위해서는 컴퓨터를 만들어보는 것이 최고로 좋은 방법이라고 생각합니다. 단, 실제로 장치나 부품을 모아 컴퓨터를 만들려면 시간과 돈이 많이 들 테니 유사 체험을 해볼게요. 여러분이 준비해야 할 것은 컴퓨터 회로도와 색연필이 다입니다. 이 책의 끝에 있는 회로도를 복사하거나 자른 다음, 필자의 설명에 맞춰 흐르는 데이터와 제어신호의 역할을 확인하며 배선(장치와 부품을 연결하는 전선)을 색연필로 덧그려 보세요. 그것이 실제 배선 작업을 대신합니다. 모든 배선이 끝나면 컴퓨터가 완성됩니다.

이것만 해도 아주 유익한 공부가 됩니다. 컴퓨터의 작동 원리가 손에 잡힐 듯이 이해가 갈 거예요. 하드웨어는 도무지 이해할 수 없다는 편견이 해소되며 컴퓨터에 친근감까지 느낄 수 있습니다. 이 기회에 컴퓨터 만들기를 꼭 한번 해보세요.

■ 컴퓨터를 구성하는 장치와 부품

이 장에서 만들 것은 COMET II라는 이름의 컴퓨터입니다. COMET II는 일본의 기본 정보 기술자 시험에서 채택한 가상 컴퓨터입니다. 가상이라도 실제 컴퓨터와 똑같은 기능을 갖추고 있어 학습 교재로 쓰기에 충분하죠. COMET II를 선택한 것은 제3장에서 COMET II용 어셈블러인 CASL II를 사용하기 때문입니다.

그림 2.1에 컴퓨터 회로도를 표현해 봤습니다. 이 회로도는 COMET II의 사양을 기반으로 필자가 작성한 것입니다. 사용한 장치는 CPU, 메모리, I/O, 클록 제너레이터입니다.

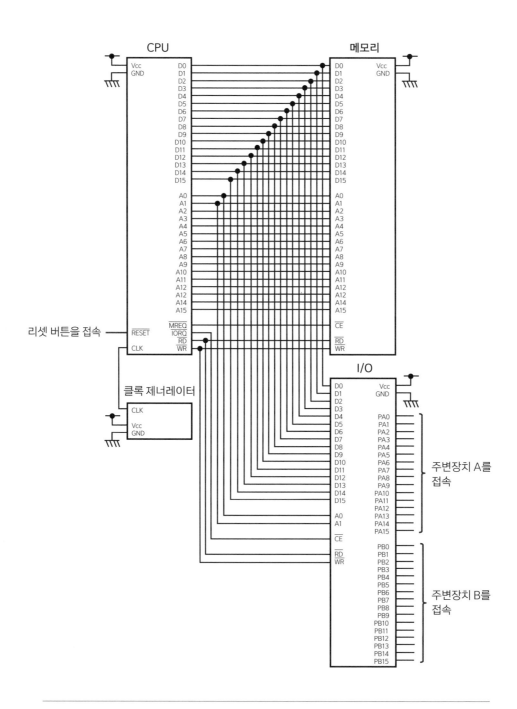

CPU		메모리	
Vcc	D0	D0	Vcc
GND	D1	D1	GND
	D2	D2	
	D3	D3	
	D4	D4	
	D5	D5	
	D6	D6	
	D7	D7	
	D8	D8	
	D9	D9	
	D10	D10	
	D11	D11	
	D12	D12	
	D13	D13	
	D14	D14	
	D15	D15	
	A0	A0	
	A1	A1	
	A2	A2	
	A3	A3	
	A4	A4	
	A5	A5	
	A6	A6	
	A7	A7	
	A8	A8	
	A9	A9	
	A10	A10	
	A11	A11	
	A12	A12	
	A12	A12	
	A14	A14	
	A15	A15	
RESET	MREQ	CE	
	IORQ	RD	
CLK	RD	WR	
	WR		

리셋 버튼을 접속

클록 제너레이터

CLK
Vcc
GND

I/O	
D0	Vcc
D1	GND
D2	
D3	
D4	PA0
D5	PA1
D6	PA2
D7	PA3
D8	PA4
D9	PA5
D10	PA6
D11	PA7
D12	PA8
D13	PA9
D14	PA10
D15	PA11
	PA12
A0	PA13
A1	PA14
	PA15
CE	
RD	PB0
WR	PB1
	PB2
	PB3
	PB4
	PB5
	PB6
	PB7
	PB8
	PB9
	PB10
	PB11
	PB12
	PB13
	PB14
	PB15

주변장치 A를
접속

주변장치 B를
접속

그림 2.1 컴퓨터 회로도(COMET II 의 사양을 기반으로 필자가 작성)

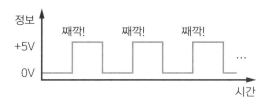

정보

째깍! 째깍! 째깍!

+5V

0V

...

시간

그림 2.2 클록 신호의 파형

실제로 작동하는 컴퓨터를 만든다면 이곳에 표현해 놓은 장치 외에 저항과 콘덴서 같은 부품이 필요하겠지만, 여기서는 생략하겠습니다.

CPU는 컴퓨터의 두뇌이며, 프로그램을 해석 및 실행합니다. 메모리는 프로그램의 명령과 데이터를 기억합니다. I/O는 Input/Output의 약자로 컴퓨터와 주변장치를 접속합니다. CPU, 메모리, I/O는 각각 IC의 역할로 제공되고요.

CPU를 작동시키려면 '클록 신호'라고 부르는, 시계처럼 째깍거리며 전압의 높낮이를 반복하는 전기신호가 필요합니다.(그림 2.2) 클록 신호를 생성하는 장치가 바로 클록 제너레이터입니다. 클록 제너레이터 안에는 수정(크리스털)이 있고, 주파수(진동수)에 따라 클록 신호를 생성합니다. 클록 신호의 단위는 Hz(헤르츠)입니다. 예를 들어 클록 신호가 3GHz라면, 1초에 30억 번 째깍거리는 신호라는 뜻입니다.

■ CPU, 메모리, I/O 안에는 상자가 있다

CPU, 메모리, I/O의 IC 내부에는 방대한 숫자의 트랜지스터가 집적돼 있습니다. 단, 외부에서 IC를 이용하는 사람(IC를 이어주는 배선을 하는 사람이나 프로그램을 만드는 사람)이 보기에 각각의 내부에는 상자가 있다고 생각할 수 있습니다.

CPU 내부에 있는 상자는 프로그램 해석 및 실행과 데이터 연산을 하기 위해,

그리고 메모리 안에 있는 상자는 프로그램의 명령이나 데이터를 기억하기 위해 존재합니다. I/O 안에 있는 상자에는 키보드나 디스플레이 등의 주변장치와 주고받는 데이터를 넣어두고요. 어떤 종류의 상자가 있는지는 CPU, 메모리, I/O의 종류에 따라 다릅니다.

그림 2.3에 COMET II의 CPU 내부 구조를 표현해 봤습니다. CPU 안에 있는 상자는 '레지스터'라고 불리며, GR0이나 GR1 등의 이름으로 구별합니다. 각각의 레지스터는 크기가 있는데, 이는 '비트'(bit)라는 단위로 표시합니다. 비트란 2진수의 한 자릿수를 말합니다. GR0~GR7은 임의 연산에 사용하는 레지스터이며, 크기가 16비트입니다. 따라서 2진수로 16자리인 0000000000000000에서 1111111111111111까지의 데이터를 연산할 수 있어요. 이처럼 16비트의 데이터를 연산할 수 있는 CPU를 '16비트 CPU'라고 부릅니다. 그 외 레지스터의 역할은 제3장에서 어셈블리어 프로그램을 만들 때 설명하겠습니다.

그림 2.4에 COMET II 메모리의 내부 구조를 표현했습니다. 메모리 안에 있는

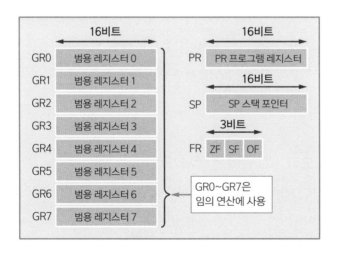

그림 2.3 COMET II CPU의 내부 구조

상자 크기는 16비트이고, 0에서 시작되는 번호로 구별합니다. 이 번호를 영어로 '어드레스'(address. 주소)라고 부릅니다. 상자는 다 합쳐서 65,536개이며 주소값의 범위는 0~65535입니다. 맨 앞의 주소는 1이 아니라 0이고, 마지막 상자의 주소는 65536이 아니라 65535입니다. 마무리가 시원치 않다고 느낄지도 모르겠지만, 65,536개의 주소를 컴퓨터가 내부에서 사용하는 2진수로 표현하면 그 범위가 0000000000000000~1111111111111111이며 딱 16비트로 나타낼 수 있습니다. COMET II의 메모리는 상자에 넣는 데이터 크기도, 상자를 구별하는 주소의 자릿수도 16비트(2진수로 16자리)입니다.

그림 2.5는 COMET II I/O의 내부 구조입니다.[1] I/O 안에 있는 상자 크기도 16비트이며, 0부터 시작하는 주소로 구별합니다. 주소의 범위는 0~3(2진수로

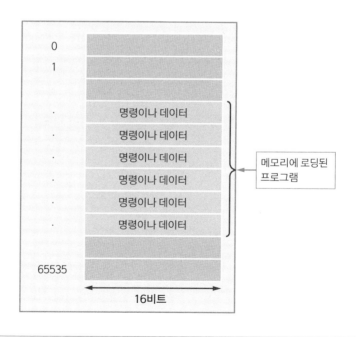

그림 2.4 COMET II 메모리의 내부 구조

---

1   COMET II의 사양에는 I/O와 관련한 기술이 없어서 실제로 존재하는 I/O와 비슷한 내부 구조로 만들었습니다.

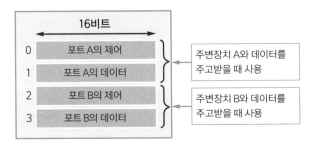

그림 2.5 COMET II I/O의 내부 구조

00~11)입니다. I/O는 두 주변장치를 접속할 수 있으므로, 각각 주변장치 A와 주변장치 B라고 부르겠습니다. 주변장치와 컴퓨터를 연결하는 부분은 '포트'라고 부릅니다. 주변장치 A와 컴퓨터를 연결하는 부분은 포트 A고, 주변장치 B와 컴퓨터를 연결하는 부분은 포트 B입니다.

'포트 A의 제어'라는 상자에서는 포트 A에 입력장치와 출력장치 중 어느 것을 연결할지를 설정하고, '포트 A의 데이터'라는 상자에는 포트 A와 주변장치에서 주고받는 데이터를 넣어둡니다. 마찬가지로 '포트 B의 제어'라는 상자에서는 포트 B에 입력장치와 출력장치 중 어느 것을 연결할지를 설정하고, '포트 B의 데이터'라는 상자에는 포트 B와 주변장치에서 주고받는 데이터를 넣습니다.

■ 회로도 읽는 방법

배선 작업을 시작하기 전에 회로도를 읽는 방법을 설명하고 넘어가겠습니다. CPU, 메모리, I/O, 클록 제너레이터는 사각형으로 표현합니다. 실제 장치에서는 주변이나 뒤쪽의 핀이 배열돼 있지만, 회로도에서는 사각형의 임의 위치에 핀을 배치해도 됩니다. 이는 실제 배치와 똑같이 하면 핀을 연결하는 배선이 복잡해지기 때문입니다. 각각의 핀에는 A0이나 D0 등의 역할을 덧붙여 어느 핀인지 파악

배선이 접속돼
있지 않음

배선이 접속돼
있음

그림 2.6 배선이 교차하고 있을 경우의 접속 여부

할 수 있게 합니다.

장치를 연결하는 배선은 전선 1개로 1비트의 2진수를 전달합니다. 전압이 낮으면 0을 전달하고, 높으면 1을 전달합니다. 어떤 전압을 사용할지는 IC 종류에 따라 차이가 납니다. 이 회로도에서는 0V(볼트)와 +5V를 사용합니다. 회로도에 전선이 많은 이유는 16비트의 데이터를 전달하려면 전선 16개가 필요하며, 16비트의 주소를 전달하려고 해도 전선 16개가 필요하기 때문입니다.

전선이 교차하는 부분에 동그라미가 있으면 접속된 상태이고, 동그라미가 없으면 접속된 상태가 아니라는 뜻입니다. (입체적으로 교차하고 있다고 생각하면 됩니다.) 이렇게 표현한 이유는 접속된 상태가 아니라는 것을 전선을 우회시켜 표현하다 보면 배선이 복잡해지기 때문입니다.(그림 2.6)

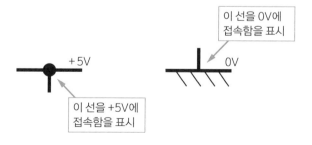

이 선을 0V에
접속함을 표시

+5V

0V

이 선을 +5V에
접속함을 표시

그림 2.7 전원을 나타내는 그림 기호

■ 전원 배선하기

그럼, 컴퓨터 회로도의 배선 작업을 시작해 볼까요? 필자의 설명에 맞춰 흐르는 데이터와 제어신호의 역할을 확인하며 배선을 색연필로 덧그려 보세요. 이것이 실제 배선 작업을 대신합니다.

먼저 CPU, 메모리, I/O 및 클록 제너레이터에 전원을 접속합니다. 이것들은 단독으로 작동하는 장치이기 때문에 각각에 전원을 공급해야 합니다. 여기서는 0V와 +5V의 직류 전원을 사용합니다. 전원은 그림 2.7에 보이는 기호로 표현했고, 실제 전원 장치(전원을 공급하는 장치)까지 이어지는 배선은 생략합니다. 각각의 장치에 있는 Vcc(Voltage common collector[2])라는 핀에 +5V의 전원을 배선하고, GND(ground)라는 핀에 0V의 전원을 배선합니다. 전원 배선에서 색연필로 덧그리는 부분을 그림 2.8에 표현해 보겠습니다. 이것들을 통해 각각의 장치에 전원이 공급된다는 점을 확인하며 배선하세요.

■ 데이터선 배선하기

다음으로 CPU와 메모리, CPU와 I/O 사이에서 데이터를 주고받기 위해 배선합니다. 컴퓨터의 두뇌는 CPU이니 CPU를 중심으로 해서 배선을 봐주세요. CPU에 D0~D15라는 16개짜리 핀이 있을 겁니다. D는 Data(데이터)라는 뜻입니다. CPU의 D0~D15와 메모리의 D0~D15 배선을 색연필로 덧그리세요.

이걸로 CPU와 메모리 사이에서 16비트의 데이터를 주고받을 수 있습니다. 각각의 배선은 중간에 검은색 동그라미가 있는데, 그 끝이 I/O의 D0~D15 핀과 이어져 있습니다. 이 배선들도 색연필로 덧그리세요. 이렇게 하면 CPU와 I/O 사이에서도 16비트의 데이터를 주고받을 수 있습니다.

---

2   Vcc는 TTL(Transistor Transistor Logic)이라는 형식의 IC 전원을 나타냅니다. 이 책의 제1판에서 실제 IC를 사용한 회로도를 표현하고, 그중에서 Vcc라는 표기를 사용했기 때문에 이 책에서도 똑같이 표기했습니다.

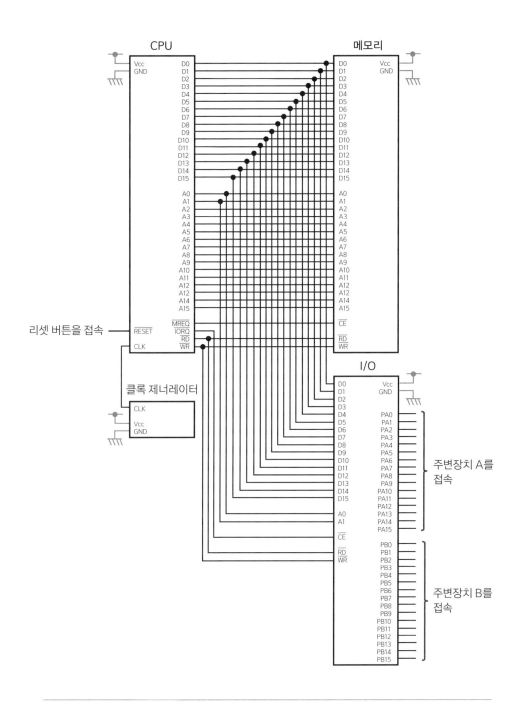

그림 2.8 전원 배선에서 색연필로 덧그린 부분(파란색 부분을 덧그림)

데이터를 주고받는 배선을 '데이터선'이라고 부릅니다. 데이터선의 배선에서 색연필로 덧그린 부분을 그림 2.9에 표현했습니다. 이것들을 통해 CPU와 메모리, CPU와 I/O 사이에서 16비트 데이터를 주고받는 점을 확인하며 배선하세요.

■ 주소선 배선하기

데이터선 배선은 성공했지만, 그것만으로 데이터를 주고받을 수는 없습니다. 그 이유는 메모리 내부에 65,536개의 상자가 있고 I/O 내부에는 상자 4개가 있어서, 어느 상자와 데이터를 주고받을지 주소로 지정해야 하기 때문입니다.

CPU에 A0~A15라는 핀 16개가 있습니다. A는 Address(주소)라는 뜻입니다. CPU는 핀 16개를 사용해 0000000000000000~1111111111111111 범위의 주소를 지정합니다. CPU의 A0~A15와 메모리의 A0~A15 배선을 색연필로 덧그리세요. 이렇게 하면 CPU에서 메모리로 데이터를 주고받는 상자의 주소를 알릴 수 있습니다.

A0과 A1의 배선은 중간에 검은색 동그라미가 있는데, 그 끝이 I/O의 A0과 A1의 핀에 연결돼 있습니다. CPU는 이 핀을 사용해 00~11 범위의 주소를 지정합니다. 이 배선들도 색연필로 덧그리세요. 이렇게 하면 CPU에서 I/O로 데이터를 주고받는 상자의 주소를 알릴 수 있습니다.

주소를 알리는 배선을 '주소선'이라고 부릅니다. 주소선의 배선에서 색연필로 덧그린 부분을 그림 2.10에 표현해 보겠습니다. 이것들을 통해 CPU가 메모리에 16비트 주소를 알리고, CPU가 I/O에 2비트 주소를 알린다는 점을 확인하며 배선하세요.

■ 제어선 배선하기

데이터선과 주소선을 잘 배선했지만, 아직 데이터를 주고받지는 못합니다. 왜

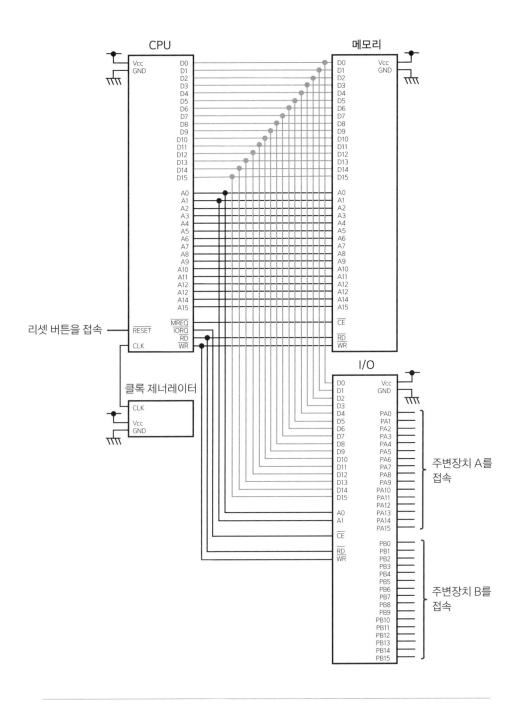

그림 2.9 데이터선 배선에서 색연필로 덧그린 부분(파란색 부분을 덧그림)

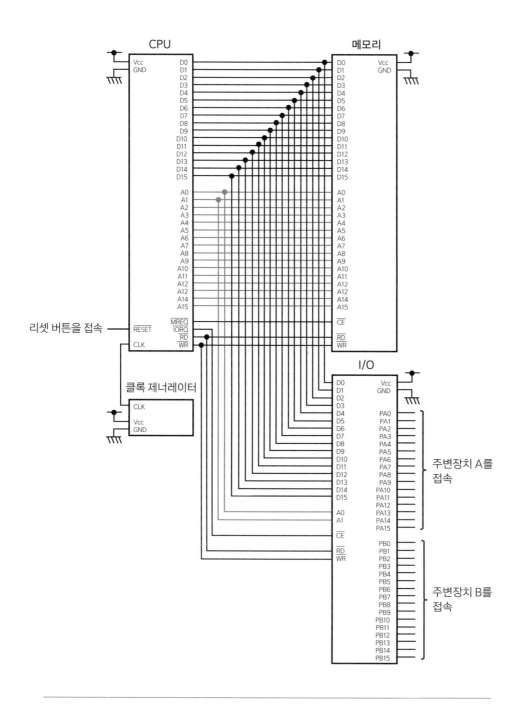

그림 2.10 주소선 배선에서 색연필로 덧그린 부분(파란색 부분을 덧그림)

냐하면 똑같은 데이터선과 주소선이 메모리와 I/O에 배선돼 있기에 이대로 두면 CPU가 어느 쪽을 상대해야 할지 구별하지 못하기 때문입니다. 거기다가 CPU 처지에서는 상대에게서 데이터를 읽어올지, 상대에게 데이터를 저장할지도 구별 하지 못하죠.

이를 구별하는 것이 CPU에 있는 MREQ, IORQ, RD, WR이라는 핀입니다. MREQ(Memory Request)는 메모리를 상대하는 것을 나타내며, IORQ(I/O Request)는 I/O를 상대하는 것을 나타냅니다. RD(Read)는 상대에게서 데이터를 읽어오는 것을, WR(Write)은 상대에게 데이터를 저장하는 것을 뜻합니다.

회로도에서는 MREQ, IORQ, RD, WR에 윗줄이 있습니다. 이 윗줄은 '음논 리'(negative logic)라는 것을 나타냅니다. 전기신호로 상대에게 뭔가 의사 표시를 할 때는 평상시와 다른 전압으로 전달하는데요. 평상시에 전압을 낮게 해두고 상 대에게 의사 표시를 할 때 전압을 높이는 방법을 '양논리'(positive logic)라고 부 릅니다. 이와 반대로 평상시에 전압을 높게 해두고 상대에게 의사 표시를 할 때 전압을 낮추는 방법이 음논리입니다. MREQ, IORQ, RD, WR은 음논리이기 때 문에 평상시에는 전압을 높게(+5V) 설정하고, 각각이 의미하는 의사 표시를 상 대에게 전달할 때는 전압을 낮게(0V) 설정합니다.

CPU의 MREQ는 메모리의 CE에 배선합니다. CPU의 IORQ는 I/O의 CE에 배선합니다. CE(chip enable = 칩 가능)는 그 IC(칩은 IC를 의미)의 기능을 유효하 게 한다는 것을 의미합니다.

CE에도 음논리라는 것을 나타내는 윗줄이 있습니다. 따라서 메모리와 I/O는 CPU에서 CE에 전달된 전기신호의 전압이 낮아졌을 때, 자신의 기능을 활성화하 고 그다음에 데이터선과 주소선을 사용해 데이터를 주고받습니다. CPU는 상대 에게서 데이터를 읽어올지, 상대에게 저장할지를 RD와 WR로 구별합니다. CPU 의 RD와 WR은 각각 메모리 및 I/O의 RD와 WR에 접속돼 있습니다. 이들 또한

표 2.1 CPU의 의사 표시와 $\overline{MREQ}$, $\overline{IORQ}$, $\overline{RD}$, $\overline{WR}$의 상태

CPU의 의사 표시	$\overline{MREQ}$	$\overline{IORQ}$	$\overline{RD}$	$\overline{WR}$
메모리에서 읽어옴	0	1	0	1
메모리에 저장	0	1	1	0
I/O에서 읽어옴	1	0	0	1
I/O에 저장	1	0	1	0

※ 전압의 높낮이를 2진수인 1과 0으로 표시

음논리입니다. 표 2.1에 CPU의 의사 표시와 MREQ, IORQ, RD, WR의 상태를 정리해 놓았습니다. 여기서는 전압이 높은 상태를 2진수인 1로, 낮은 상태를 2진수인 0으로 표현했습니다.

CPU가 의사 표시를 하는 MREQ, IORQ, RD, WR의 배선을 '제어선'이라고 부릅니다. 제어선 배선에서 색연필로 덧그린 부분을 그림 2.11에 표현했습니다. 이것들이 CPU가 메모리와 I/O 중 어느 쪽을 상대할지, 상대에게서 데이터를 읽어올지, 상대에게 데이터를 쓸지를 구별한다는 점을 확인하며 배선하세요.

■ 그 외의 배선

마지막으로 그 외의 배선 작업을 해보도록 하겠습니다. 클록 제너레이터는 CLK(Clock)라는 핀에서 클록 신호를 출력합니다. 이것을 CPU의 CLK에 배선합니다. CPU의 RESET이라는 핀은 음논리이며, 평상시에는 전압이 높고 전압을 낮추면 CPU가 초기화됩니다.

초기 상태로 돌아간 CPU는 메모리의 주소 0에[3] 넣어둔 프로그램에서 해석 및 실행을 시작합니다. RESET은 리셋 버튼에 배선합니다. 여기서는 구체적인 리셋

---

3 CPU 종류에 따라 0이 아닌 주소에서 프로그램 해석 및 실행을 하는 것도 있습니다.

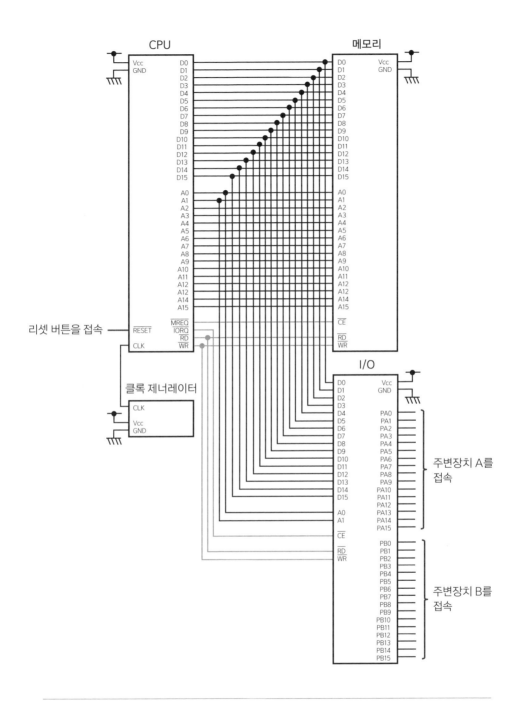

그림 2.11 제어선 배선에서 색연필로 덧그린 부분(파란색 부분을 덧그림)

버튼을 표시하고 있지 않지만, 평상시에는 전압이 높고 누르면 전압이 낮아지도록 하겠습니다.

I/O의 PA0~PA15(Port A0~Port A15)에는 주변장치 A를 배선합니다. 주변장치 A가 키보드나 마우스 같은 입력장치일 경우, 이 배선을 사용해 주변장치 A에서 I/O의 포트 A로 데이터가 입력됩니다. 마찬가지로 I/O의 PB0~PB15(Port B0~Port B15)에는 주변장치 B를 배선합니다. 주변장치 B가 디스플레이나 프린터 같은 출력장치일 경우, 이 배선을 사용해 I/O 포트 B에서 주변장치 B로 데이터가 출력됩니다. 여기서는 구체적인 주변장치를 표시하고 있지 않지만, I/O 하나로 16비트 데이터를 주고받는 주변장치를 2대까지 접속할 수 있습니다. 더 많은 주변장치를 접속하고 싶은 경우에는 I/O의 수를 늘립니다.

그 외의 배선에서 색연필로 덧그린 부분을 그림 2.12에 표시했습니다. 각각의 역할을 확인하며 배선하세요.

■ 배선 작업 완료

이상으로 모든 배선 작업이 완료됐습니다. 맨 처음 회로도를 봤을 때는 굉장히 어렵게 느껴졌겠지만, 실제로 배선해 보니 아주 간단하다는 걸 알겠죠? 컴퓨터 회로도의 주요 배선은 CPU와 메모리, CPU와 I/O 사이에서 각각의 상자에 넣어둔 데이터를 주고받기 위한 것이었습니다. (그 외의 배선으로 전원, 클록 신호, 리셋, 주변장치도 있었습니다.) CPU, 메모리, I/O, 클록 제너레이터는 단독으로 작동하는 장치입니다. 장치와 장치 사이에 데이터와 제어신호를 주고받는 배선이 필요했던 거죠.

'아예 CPU, 메모리, I/O, 클록 제너레이터를 IC 하나로 정리해 버리면 배선은 필요 없지 않나?'라고 생각할 테죠. 실제로 그런 컴퓨터도 있는데, '원칩 마이크로컴퓨터'라고 불립니다. 원칩이란 IC 하나라는 뜻입니다. 원칩 마이크로컴퓨터는

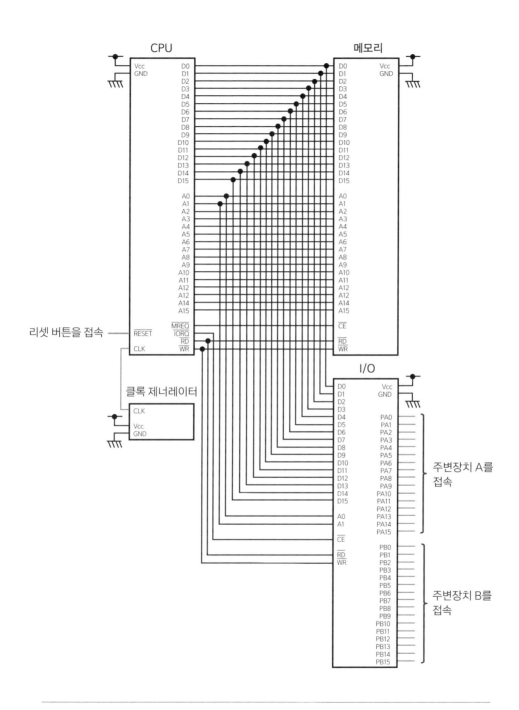

CPU

Vcc	D0
GND	D1
	D2
	D3
	D4
	D5
	D6
	D7
	D8
	D9
	D10
	D11
	D12
	D13
	D14
	D15

메모리

클록 제너레이터

리셋 버튼을 접속 —

I/O

주변장치 A를 접속

주변장치 B를 접속

그림 2.12 그 외의 배선에서 색연필로 덧그린 부분(파란색 부분을 덧그림)

전자제품이나 자동차 등에 사용합니다. 그에 비해 일반적인 PC는 CPU, 메모리, I/O가 개별적인 IC로 돼 있습니다. 이러면 PC 기종에 따라 각각의 IC를 임의로 선택할 수 있어서 나중에 확장도 할 수 있습니다.

베테랑 기술자 선배님들 대부분은 젊은 시절 컴퓨터를 만든 경험이 있습니다. 이 장을 여러분의 선배 기술자에게 보여주세요. "요즘 이런 걸 하는 사람이 있어? 하지만 이런 경험이 있느냐 없느냐에 따라 컴퓨터를 이해하는 정도가 달라지긴 하지."라고 말할 겁니다.

이 책의 제1판에서는 실제로 장치나 부품을 모아 컴퓨터를 만들었지만, 제2판에서는 회로도를 색연필로 덧그리는 방식으로 변경했습니다. 이제는 제1판에서 다뤘던 CPU, I/O, 메모리 같은 IC를 구하기가 힘들기 때문이죠. 단, 유사 체험이라고 해도 컴퓨터를 만든 경험은 매우 유익했을 겁니다. 컴퓨터를 더 깊게 이해할수록 컴퓨터가 더욱더 좋아질 테니까요.

제3장에서는 '어셈블리어'라는 프로그래밍 언어로 프로그램을 작성해 볼 예정입니다. 이 프로그램은 이 장에서 만든 컴퓨터에서 작동합니다. 그 과정에서 컴퓨터 하드웨어와 소프트웨어의 지식이 깔끔하게 이어질 겁니다. 기대하세요!

제 3 장

한번은
체험해 봐야 할
어셈블리어

워밍업

본문을 읽기 전, 워밍업으로 아래 퀴즈에 도전해 보세요.

퀴즈

초급 문제

기계어란 무엇일까요?

중급 문제

메모리나 I/O 안에 있는 상자를 식별하는 수치를 뭐라고 부를까요?

상급 문제

CPU 내부에 있는 플래그 레지스터의 역할은 무엇일까요?

어떤가요? 다시 보니 간결하게 답하기 어려운 문제도 있지 않았나요?
정답과 해설은 아래에 있습니다.

초급 문제 : CPU가 직접 해석 및 실행할 수 있는 수치로 표시된 프로그램입니다

중급 문제 : 메모리나 I/O 안에 있는 상자를 식별하는 수치를 '주소'라고 부릅니다.

상급 문제 : 명령의 실행 결과에 대한 상태를 표시합니다.

초급 문제 : CPU가 해석 및 실행할 수 있는 건 명령과 데이터를 모두 수치로 표시한 기계어뿐입니다. 어셈블리어, C 언어, Java, Python 등의 프로그래밍 언어로 기술한 프로그램은 기계어로 변환한 후 해석 및 실행을 진행합니다. 기계어를 '머신 랭귀지'나 '네이티브 코드'라고도 부릅니다.

중급 문제 : 메모리나 I/O 내부에는 상자(데이터 저장 영역)가 여럿 있습니다. 각각의 상자는 번호로 식별되죠. 이 번호가 주소입니다.

상급 문제 : 플래그(flag)란 '깃발'이라는 뜻입니다. CPU 내부에 있는 데이터의 저장이나 연산에 따라 범용 레지스터의 값이 달라지면, 그 상태(제로가 됐는지 마이너스가 됐는지 오버플로가 됐는지 등의 상태)가 플래그 레지스터에 기록됩니다.

제3장의 목적은 딱 하나입니다. 1과 2를 가산하는 프로그램을 실행했을 때, 컴퓨터 내부가 어떻게 작동하는지 이해하는 것. 이를 위해 '어셈블리어'라는 프로그래밍 언어를 사용해 프로그램을 기술하고 어떻게 작동하는지 확인할 겁니다. 이때 이용할 컴퓨터는 제2장에서 언급한 COMET II입니다. COMET II용 어셈블리어인 CASL II를 사용할 텐데, 잘 작동하는지 확인할 때는 무상으로 구할 수 있는 CASL II 시뮬레이터를 사용하겠습니다.

이 체험을 마치면 여러분의 컴퓨터에 대한 이해도는 더욱더 깊어질 겁니다. 컴퓨터의 하드웨어와 소프트웨어 지식이 이어지고, 컴퓨터가 어떻게 작동하는지 알았다는 감동도 얻을 수 있을 테죠.

■ 고급 언어와 저급 언어

이 장에서는 프로그램을 작성할 예정입니다. 프로그램은 프로그래밍 언어로 기술된 문서입니다. 이 문서의 내용에는 '~하라'는 명령이 나란히 적혀 있어요. 어떤 구문으로 명령을 기술할지는 프로그래밍 언어의 종류에 따라 제각각입니다. 세상에는 수많은 프로그래밍 언어가 있지만, 그것들 모두는 크게 저급 언어와 고급 언어로 분류할 수 있습니다.

저급 언어는 컴퓨터 하드웨어를 직접 조작하는 명령을 기술하는 언어입니다. 저급이란 컴퓨터 하드웨어에 직접적으로 이어져 있다는 것을 의미해요. 저급 언어에는 기계어와 어셈블리어가 있습니다. 기계어는 CPU가 해석 및 실행할 수 있는 언어이며, 명령과 데이터를 모두 2진수 수치로 나타냅니다. 인간이 기계어로 프로그램을 기술하기는 힘들어서, 기계어의 수치가 의미하는 명령에 영어 약자를

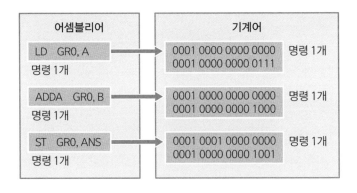

그림 3.1 어셈블러와 기계어의 명령은 일대일로 대응한다.

할당한 언어를 고안했습니다. 그게 바로 어셈블리어입니다. 어셈블리어로 기술한 프로그램은 기계어로 변환된 후 해석 및 실행이 됩니다.

그림 3.1에 어셈블리어와 기계어의 프로그램 대응을 표현해 봤습니다. 어셈블리어와 기계어의 명령은 일대일로 대응합니다. 따라서 어셈블리어로 프로그램을 기술하는 것은 기계어로 프로그램을 기술하는 것과 같아, 컴퓨터 하드웨어를 직접 조작합니다.

고급 언어는 컴퓨터 하드웨어를 의식하지 않고 수식이나 일상 영어에 가까운 표현으로 명령을 기술하는 언어입니다. 고급이란 컴퓨터 하드웨어에서 멀리 떨어져 있다는 것을 의미합니다. 고급 언어에는 C 언어, Java, Python 등이 있는데요. 고급 언어로 기술된 프로그램도 기계어로 변환된 후 해석 및 실행이 됩니다. CPU가 해석하고 실행할 수 있는 언어는 오직 기계어뿐이기 때문이죠. 고급 언어의 명령 대부분은 기계어의 여러 명령에 대응합니다. 예를 들어 그림 3.2에 표현했듯이 고급 언어를 사용해 ans＝a＋b라는 수식으로 기술한 명령은 기계어 명령 셋에 대응합니다. 개발 현장에서는 고급 언어가 더 많이 쓰입니다. 고급 언어는 저급 언어보다 효율적으로(짧은 표현으로) 프로그램을 기술할 수 있기 때문입니다.

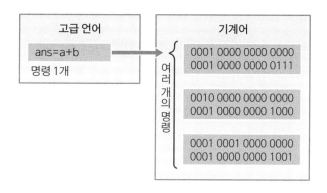

| 고급 언어 | 기계어 |

고급 언어
ans=a+b
명령 1개

기계어

여러 개의 명령
{
0001 0000 0000 0000
0001 0000 0000 0111

0010 0000 0000 0000
0001 0000 0000 1000

0001 0001 0000 0000
0001 0000 0000 1001

그림 3.2 고급 언어의 명령 하나는 기계어의 여러 명령에 대응한다.

저급 언어는 컴퓨터 하드웨어를 직접 조작해야 하는 분야(주로 제어용 마이크로 컴퓨터 분야)에서 사용됩니다. 이 장에서 저급 언어인 어셈블리어를 체험하는 이 유는 고급 언어만 사용하면 프로그램이 컴퓨터 하드웨어를 어떻게 작동시키는지 알 수 없기 때문입니다. 예를 들어 ans＝a＋b라는 수식으로 기술한 프로그램에 는 CPU도 메모리도 I/O도 등장하지 않습니다. 같은 명령을 어셈블리어로 기술 하면 컴퓨터 하드웨어를 직접 조작하므로, ans＝a＋b라는 명령을 기계어로 변환 해 실행했을 때 컴퓨터 내부가 어떻게 작동하는지 알 수 있습니다.

■ 프로그램을 만드는 데 필요한 하드웨어 지식

저급 언어인 어셈블리어로 프로그램을 만들려면 하드웨어 지식이 필요합니다. 이 장에서는 제2장에서 소개했던 COMET II라는 컴퓨터에서 사용하는 CASL II 어셈블러를 사용할 겁니다. 어셈블러는 어셈블리어를 기계어로 바꿔주는 프로그 램입니다. CASL II를 설명하기 전에 COMET II의 하드웨어를 확인해 볼까요?

프로그램을 만드는 데 필요한 하드웨어 지식은 CPU 내부에 있는 레지스터의 구성, 메모리 주소의 범위, I/O 주소의 범위와 접속된 주변장치와 관련된 것들입니다. 단, COMET II에서는 OS(Operating System=기본 소프트웨어)의 기능을 사용해 I/O를 간접적으로 조작하기 때문에 I/O에 관한 지식이 필요하지 않습니다.(CPU와 I/O가 데이터를 주고받는 명령을 직접 기술하지 않고, 미리 준비된 OS 기능을 사용하는 명령을 기술) 이때 OS는 가상 OS이기 때문에 OS에 관한 지식 또한 없어도 됩니다. 즉 CPU와 메모리에 관한 지식만 있으면 충분합니다.

그림 3.3에 COMET II의 CPU와 메모리의 내부 구조를 표현했습니다. (각각의 내부에 있는 상자 배치는 나중에 사용할 CASL II 시뮬레이터 화면과 같습니다.)

CPU와 메모리를 잇는 배선까지 의식할 필요는 없습니다. 적절하게 배선돼 있기 때문입니다. CPU 내부에 있는 상자(레지스터)와 메모리 내부에 있는 상자에 주목하세요. CPU의 레지스터는 GR0이나 GR1 등의 이름으로 구분합니다. 메모리 상자는 주소로 구분하고요. 여기서는 2진수로 0000000000000000~11111111

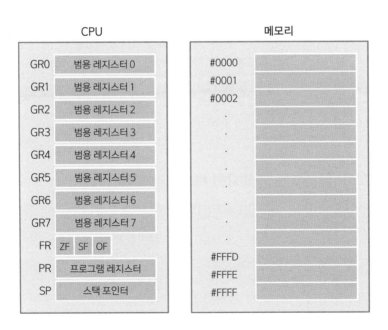

그림 3.3 COMET II 의 CPU와 메모리의 내부 구조

11111111 범위에 해당하는 주소를 16진수를 이용해 #0000~#FFFF로 표현해 보겠습니다. CASL II에서는 수치 앞에 #을 적어 16진수를 표시하기 때문에 여기 서도 똑같이 표현했습니다.[1]

■ CPU 레지스터의 종류와 역할

COMET II의 CPU 내부에 있는 레지스터의 종류와 역할을 설명해 볼까요? GR0~GR7은 프로그램에서 임의의 용도로 사용할 수 있는 레지스터입니다. GR 은 General Register(범용 레지스터)의 약자입니다. 이 레지스터들을 사용해 프로 그램의 목적에 맞는 연산을 해볼게요.

FR은 명령을 실행해 데이터가 어떤 상태로 바뀌었는지를 나타냅니다. FR은 Flag Register(플래그 레지스터＝깃발 레지스터)의 약자입니다. 깃발을 올렸다 내 렸다 해서 상태의 유무를 나타내거든요. FR은 3비트 레지스터이고 각각의 자릿 수가 깃발 하나의 역할을 합니다. 자릿수의 값이 1이면 깃발이 올라가며, 그 상태 가 됐다는 것을 보여줍니다. 자릿수의 값이 0이면 깃발이 내려가며, 그 상태가 됐 다는 것을 보여주죠.

FR의 각 자릿수에는 ZF, SF, OF라는 이름이 붙어 있습니다. ZF(Zero Flag＝ 제로 플래그)는 데이터가 0이 됐다는 것을 보여줘요. SF(Sign Flag＝부호 플래그) 는 데이터가 마이너스가 됐다는 것을 보여주고, OF(Overflow Flag＝오버플로 플 래그)는 데이터의 자릿수를 넘어섰다는 것(16비트 크기의 레지스터에 다 들어가지 않음)을 보여줍니다.(그림 3.4)

FR은 프로그램 처리의 흐름을 바꾸는 판단을 할 때 참고합니다. 이 장에서 프 로그램을 만들 때는 FR을 사용하지 않습니다.

1 　2진수는 자릿수가 많아 파악하기가 어려워, 대신 16진수가 자주 사용됩니다. 2진수의 네 자릿수인 0000~1111 을 16진수의 한 자릿수인 0~F로 표현합니다. 16진수로는 10진수인 10~15를 A~F라고 표현합니다.

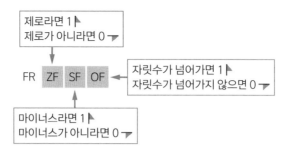

그림 3.4 FR의 각 자릿수가 깃발 역할을 한다

PR(Program Register. 프로그램 레지스터)에는 다음에 실행할 명령의 주소가 있습니다. 명령을 하나 실행하면 프로그램 레지스터의 값이 다음에 실행할 명령의 주소로 업데이트되죠. 이와 관련한 내용은 나중에 CASL II 시뮬레이터를 사용할 때 자세히 설명할게요.

SP(Stack Pointer. 스택을 가리키는 것)는 메모리에 있는 스택 영역의 주소가 들어갑니다. 스택 영역은 CPU가 사용하는 데이터를 일시적으로 기억하는 데 필요합니다. 스택이라는 이름이 붙은 것은 스택이라고 불리는 선입선출의 자료구조[2]를 채택했기 때문입니다.

■ 어셈블리어 구문은 하나뿐

이렇게 어셈블리어로 프로그램을 만드는 데 필요한 하드웨어 지식에 대한 설명은 마무리됐습니다. 그럼 어셈블리어로 1과 2를 가산하는 프로그램을 만들어볼까요? List 3.1에 해당 프로그램을 작성해 봤습니다.

처음 어셈블리어 프로그램을 본 사람은 너무 어렵다고 느끼겠지만, 사실 아주 간단합니다. 어셈블리어 구문은 기본적으로 하나밖에 없습니다. 영어 명령문과

---

2 제6장에서 자료구조를 다룹니다. 스택에 대한 설명도 제6장에서 할 예정입니다.

List 3.1 1과 2를 가산하는 프로그램

레이블	연산 코드	피연산자	코멘트
SAMPLE	START		; 프로그램 기술 시작
	LD	GR0, A	; GR0에 A 주소의 값을 저장
	ADDA	GR0, B	; GR0에 B 주소의 값을 가산
	ST	GR0, ANS	; GR0의 값을 ANS 주소에 저장
	RET		; 호출한 곳으로 복귀
A	DC	1	; A 주소 상자에 1이라는 값을 저장
B	DC	2	; B 주소 상자에 2라는 값을 저장
ANS	DS	1	; ANS 주소에 상자 하나를 준비
	END		; 프로그램 기술 종료

마찬가지로 '명령 목적어'라는 구문입니다. 명령은 '~하라'는 동작을 나타내고, 목적어에 명령 대상을 지정합니다. 영어와 마찬가지로 목적어는 없거나 1개 또는 2개입니다. 목적어가 2개라면 콤마로 구분합니다.

어셈블리어는 명령을 연산 코드(opcode = operation code = 조작을 나타내는 코드)라고 부르고 목적어를 피연산자(operand = 연산 수)라고 부릅니다. 피연산자로는 CPU나 메모리 안에 있는 상자를 지정합니다. 이 부분이 매우 중요합니다. 컴퓨터 하드웨어와 소프트웨어의 지식이 이어지는 포인트거든요. 제2장에서 컴퓨터 회로도를 배선하면서 CPU, 메모리, I/O 안에 있는 상자의 데이터를 주고받는다는 걸 배웠죠. CPU의 상자에 데이터를 넣어서 연산하고, 메모리 상자에 데이터를 넣어서 기억합니다. 그리고 I/O 상자에 데이터를 넣어서 주변장치와 데이터를 입출력합니다.

이 조작 내용을 기술하는 것이 어셈블리어이기 때문에 어셈블리어의 피연산자는 상자가 됩니다.(그림 3.5)

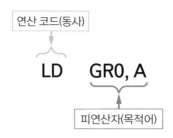

연산 코드(동사)

LD   GR0, A

피연산자(목적어)

그림 3.5 어셈블리어 구문은 기본적으로 하나뿐

어셈블리어 구문은 기본적으로 하나뿐이라, List 3.1에 표현한 것과 같이 프로그램을 표 형식으로 그릴 수 있습니다. (실제로 프로그램을 만들 때는 이 표가 필요하지 않습니다.) 한 행에 명령 하나를 기술합니다. 연산 코드와 피연산자 외에는 필요에 따라 레이블(label. 명찰)과 코멘트(comment. 주석)를 기술합니다.

레이블은 특정한 행의 명령과 데이터에 붙인 이름입니다. List 3.1에서는 프로그램의 맨 앞에 SAMPLE, 프로그램에서 다루는 데이터 3개에 A, B, ANS라는 레이블을 붙였습니다. 이 레이블들은 프로그램을 만드는 사람이 임의로 정하면 됩니다. 프로그램은 메모리에 올라가 실행됩니다. 레이블은 레이블이 기술된 행의 명령과 데이터가 저장된 상자의 주소로 바뀝니다. 예를 들어 프로그램이 주소 #1000에 로딩된다면, 프로그램 맨 앞에 붙인 SAMPLE이라는 레이블이 #1000이라는 주소로 치환되는 거죠. 그에 따라 A라는 레이블을 붙인 상자의 위치가 주소 #1007이 된다면, 프로그램 안에 있는 A라는 레이블이 #1007로 치환됩니다. 코멘트에 'A 주소', 'B 주소', 'ANS 주소'라고 표기된 것은 A, B, ANS라는 레이블이 주소로 치환됐기 때문입니다.

코멘트는 프로그래머가 임의로 기술한 주석입니다. 세미콜론(;) 뒤에 코멘트를 기술하는데요. List 3.1에는 각 행의 명령이 무슨 뜻인지를 코멘트로 설명했습니다. 나중에 실제로 프로그램을 만들 때는 코멘트를 기술하지 않아도 됩니다.

■ 프로그램 내용의 설명

아까 List 3.1에 작성한 프로그램의 내용을 한 행씩 설명해 보겠습니다. 맨 앞의 SAMPLE START는 SAMPLE이라는 레이블을 붙인 프로그램 기술을 시작한다는 의미입니다. 연산 코드란에 있는 START는 프로그램 실행 시에 CPU가 해석과 실행을 하는 명령이 아니라, 프로그램 기술을 시작한다는 표식이죠. 이처럼 연산 코드란에 기술해도 CPU가 해석과 실행을 하지 않는 명령을 '유사 명령'이라고 부릅니다. START와 마찬가지로 말미의 END는 프로그램 기술을 종료하는 표식인 유사 명령입니다.

```
SAMPLE    START



          END
```

프로그램 후반부에 있는 DC(Define Constant. 정수의 정의)와 DS(Define Storage. 저장 영역의 정의)도 유사 명령입니다. 'A DC 1'은 A라는 레이블을 붙인 상자에 1이라는 값을 넣어두라는 뜻입니다. 다음에 나오는 'B DC 2'는 B라는 레이블을 붙인 상자에 2라는 값을 넣어두라는 뜻이죠. 이 프로그램은 주변장치로 데이터를 입력하는 것이 아니라, 미리 프로그램 안에 준비된 1과 2라는 데이터를 더하는 것이기 때문에 이렇게 하고 있습니다. 'ANS DS 1'은 ANS라는 레이블을 붙여 상자(저장 영역)를 하나 준비해 두라는 뜻입니다.

프로그램을 실행하면, 이 상자에 1과 2를 더한 결과가 저장됩니다. 'ANS DS 1'의 1은 상자가 하나라는 뜻입니다.

```
A          DC     1

B          DC     2

ANS        DS     1
```

프로그램 전반부에 있는 명령은 유사 명령이 아니라 CPU가 해석해서 실행하는 명령입니다. 'LD GR0, A'에서 LD는 Load(적재하기)라는 뜻이고요. 'LD GR0, A'로 메모리의 A 주소에 저장된 데이터를 CPU의 GR0 레지스터로 읽어들입니다. 'ADDA GR0, B'에서 ADDA는 Add Arithmetic(산술 가산)이라는 뜻입니다. 'ADDA GR0, B'로 CPU의 GR0 레지스터에 메모리의 B 주소에 저장된 데이터가 가산됩니다. 'ST GR0, ANS'의 ST는 Store(축적하기)라는 뜻입니다. 'ST GR0, ANS'로 CPU의 GR0 레지스터의 값이 메모리의 ANS 주소에 저장됩니다. RET은 Return(돌아가기)이라는 뜻입니다. RET 명령으로 프로그램 처리의 흐름이 이 프로그램을 호출하는(작동 중) OS로 되돌아옵니다. 그로 인해 프로그램이 종료됩니다.

```
LD         GR0, A

ADDA       GR0, B

ST         GR0, ANS

RET
```

■ CASL II 시뮬레이터를 구해 설치하기

CASL II 시뮬레이터(CASL II 시뮬레이터 for Windows)를 사용해 아까 List 3.1에 작성한 프로그램이 어떻게 작동하는지 확인해 보겠습니다. CASL II 시뮬레이터는 다음 웹 페이지에서 무상으로 다운로드할 수 있습니다. CASL II 시뮬레이터는 Windows PC(이 책에서는 Windows 10 Pro를 사용·)에서 작동합니다.

https://www.chiba-fjb.ac.jp/fjb_labo/casl/forWindows.html

웹 브라우저에서 웹 페이지로 접속하면 '다운로드:' 아래에 있는 vbCASL153. msi(1.8MB) 부분을 클릭하세요.(그림 3.6) CASL II 시뮬레이터의 설치 프로그램 인 vbCASL153.msi라는 파일이 다운로드됩니다. 다운로드 위치는 Windows의 '다운로드'라는 폴더입니다.

Windows의 파일 탐색기를 켜서 '다운로드' 폴더에 다운로드된 vbCASL153. msi라는 파일을 더블클릭하세요.(그림 3.7) 이렇게 하면 CASL II 시뮬레이터의 설치 프로그램이 켜집니다.

CASL II 시뮬레이터의 설치 프로그램을 켜면 맨 처음에 "CASL II 시뮬레이터 version 1.5.3 설정 마법사에 오신 것을 환영합니다."라는 창이 뜹니다.

오른쪽 아래에 있는 '다음' 버튼을 클릭하세요.(그림 3.8) '설치 폴더 선택'이라 는 창이 뜰 겁니다. 디폴트 설정으로 'C:\Program Files(x86)\vbCASL\'이라는

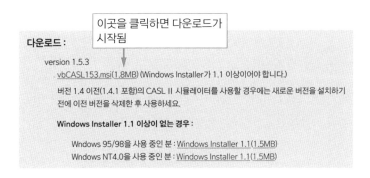

그림 3.6 CASL II 시뮬레이터의 다운로드 페이지

이 파일을 더블클릭

그림 3.7 CASL II 시뮬레이터의 설치 프로그램 켜기

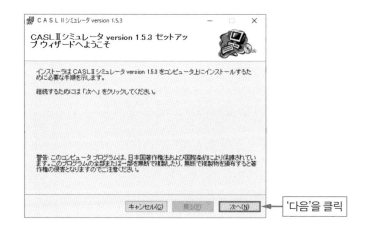

'다음'을 클릭

그림 3.8 처음으로 뜨는 창

폴더에 설치됩니다. 특별히 변경할 이유가 없으면 이대로 '다음' 버튼을 클릭하세요.(그림 3.9) '설치 확인'이라는 창이 뜨면 '다음' 버튼을 클릭하세요.(그림 3.10)

설치가 시작되며 Windows에서 "이 앱이 디바이스를 변경할 수 있도록 허용하시겠어요?"라는 경고가 뜹니다. '네' 버튼을 클릭하세요. 설치가 진행되고 "설치가 완료되었습니다."라는 창이 뜹니다. '닫기' 버튼을 클릭해 창을 닫으세요. 이상으로 CASL II 시뮬레이터의 설치가 완료됐습니다.(그림 3.11)

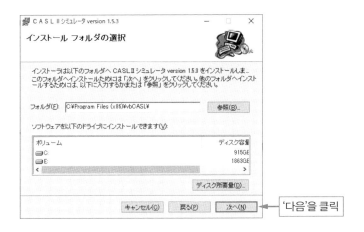

그림 3.9 설치 폴더를 선택하는 창

그림 3.10 설치를 확인하는 창

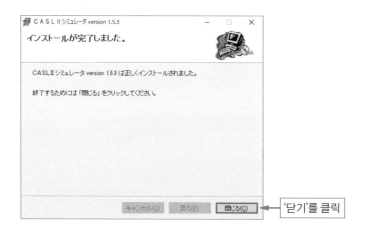

그림 3.11 설치 완료를 보여주는 창

■ 프로그램 작성하기

그럼 드디어 CASL II 시뮬레이터를 사용해 어셈블리어를 체험해 보겠습니다. Windows의 '시작' 버튼을 클릭하고 메뉴에서 'CASL II 시뮬레이터'를 클릭하세요.(그림 3.12)

CASL II 시뮬레이터를 켜면 프로그램-[제목 없음]이라는 창이 뜰 겁니다. 이 창 안에 어셈블리어 프로그램을 기술합니다.(그림 3.13)

창 안에는 미리 아래 내용의 프로그램이 기술돼 있을 거예요. 이건 많은 프로그램의 공통 서식입니다. 프로그램을 기술할 때 맨 앞은 반드시 START이고, 끝은 반드시 END입니다. 프로그램은 RET으로 종료합니다.


```
TEST      START
          RET
          END
```

그림 3.12 CASL II 시뮬레이터를 켠다

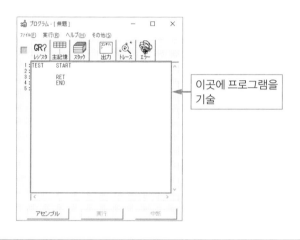

그림 3.13 창 안에 어셈블리어 프로그램을 작성한다

아까 List 3.1에 표현했던 프로그램을 작성해 보겠습니다. 프로그램은 반각 영문자 및 숫자로 기술하기 때문에, 전각 모드로 돼 있지 않은지를 확인해야 합니다. 코멘트는 전각 문자로 기술할 수 있으나, 여기서는 코멘트를 기술하지 않겠습니다.

서식에서는 START 행의 라벨이 TEST로 돼 있습니다. 이대로 둬도 문제는 없지만, List 3.1과 내용을 똑같이 할 거니까 TEST를 SAMPLE로 바꿔서 타이핑하세요. 프로그램 내용을 편집하는 방법은 일반적인 워드프로세서와 같습니다.

```
SAMPLE      START
            RET
            END
```

RET과 END 사이에 데이터의 정의를 기술해 보겠습니다. 레이블 A와 레이블 B의 행은 정수를 정의하는 DC 명령이며, 레이블 ANS의 행은 저장 영역을 정의하는 DS 명령이라는 점에 주의하세요. 레이블과 연산 코드 사이 및 연산 코드와 피연산자 사이는 'TAB' 키를 눌러 구분합니다. 이렇게 하면 프로그램의 모양새가 깔끔해집니다.

```
SAMPLE      START

            RET
A           DC      1
B           DC      2
ANS         DS      1
            END
```

START와 RET 사이에 A와 B의 가산 결과를 ANS에 저장하는 처리를 기술해 보겠습니다.

```
SAMPLE      START
            LD      GR0, A
            ADDA    GR0, B
```

```
          ST      GR0, ANS

          RET


A         DC      1

B         DC      2

ANS       DS      1

          END
```

이걸로 모든 프로그램을 기술했습니다. 프로그램을 파일로 저장해 둡시다. 프로그램을 기술한 창의 '파일' 메뉴에서 '다른 이름으로 저장'을 선택하세요. '다른 이름으로 저장'이라는 창이 뜨면 임의 저장 장소에 임의 파일명으로 저장하면 됩니다. 이번에는 Windows의 바탕화면에 SAMPLE이라는 파일명으로 저장하겠습니다. 저장 장소를 지정하고, 파일 이름에 SAMPLE이라고 입력한 후 '저장' 버튼을 클릭합니다. 파일명의 확장자는 자동으로 '.CASL2'로 설정되기 때문에 SAMPLE.CASL2라는 파일명으로 저장됩니다.(그림 3.14)

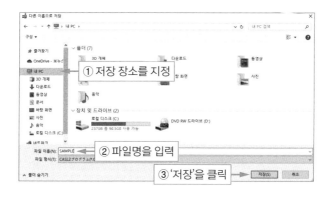

그림 3.14 프로그램 파일을 저장한다

그림 3.15 프로그램 작성이 끝났다

파일을 저장하면 '프로그램-[제목 없음]'이라는 창 제목이 '프로그램-[SAMPLE]로 변경됩니다. 이걸로 프로그램 작성은 끝났습니다.(그림 3.15)

■ 기계어의 내용 확인하기

CASL II 시뮬레이터를 사용하면 컴퓨터의 다양한 시스템을 확인할 수 있습니다. 맨 먼저 CPU가 해석하고 실행하는 기계어의 내용을 확인해 볼까요? CASL II 시뮬레이터의 창 아래에 있는 '어셈블링' 버튼을 클릭하세요.(그림 3.16) 이렇게 하면 어셈블리어 프로그램이 기계어로 변환됩니다. 이 변환을 '어셈블링'이라고 부릅니다.

어셈블리어 프로그램 내용에 오류가 없다면, '레지스터'라는 창과 '주기억'이라는 창이 표시됩니다. '레지스터'라는 창에는 CPU 내부에 있는 레지스터가 표시됩니다. '주기억'이라는 창에는 메모리 내부에 있는 상자가 표시됩니다.[3](그림 3.17)

---

3 CASL II에서 I/O는 OS의 기능을 사용해 조작하기 때문에(프로그램에서 직접 조작하지 않음), I/O의 내부를 나타내는 창이 표시되지 않습니다.

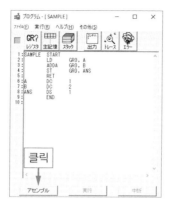

그림 3.16 어셈블리어 프로그램을 기계어로 변환한다

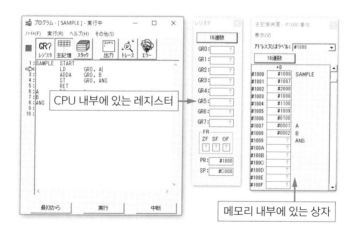

CPU 내부에 있는 레지스터

메모리 내부에 있는 상자

그림 3.17 CPU와 메모리의 내부를 보여주는 창이 뜬다

만약 어셈블리어 프로그램에 오류가 있다면, 이 창들이 아니라 내용이 틀렸음을 알리는 창이 표시되니, 프로그램을 수정해 다시 '어셈블링' 버튼을 클릭하세요.

메모리 내부를 나타내는 '주기억' 상자를 확인해 보세요. 기계어로 변환된 프로그램이 메모리 상자에 저장돼 바로 실행할 수 있는 상태로 바뀌어 있습니다.

상자 왼쪽에 있는 #1000, #1001, #1002 등은 각 상자의 주소입니다. 첫머리에 있는 #은 수치를 16진수로 표시했음을 나타냅니다. 상자 오른쪽에는 어셈블리어 프로그램에 기술된 레이블이 어느 주소에 대응하는지 표시됩니다. 프로그램 첫머리의 SAMPLE이라는 레이블은 #1000이 됐습니다. 데이터에 붙인 A, B, ANS라는 레이블은 각각 #1007, #1008, #1009가 됐습니다. 상자 안에 있는 #1000, #1007, #2000 등은 기계어 프로그램입니다. 실제 기계어는 2진수로 된 수치지만 이곳에서는 16진수로 표시하고 있습니다. 상자 안이 '?'로 돼 있는 것은 값이 부정(특정한 값이 들어가 있지만, 이 프로그램이 보기에 의미가 없는 것)하다는 것을 의미합니다.(그림 3.18)

메모리 내부를 나타내는 '주기억' 창 위에 있는 '16진수'라는 버튼은 메모리 상자의 내용이 16진수라는 것을 나타냅니다. 이 버튼을 여러 번 클릭하면 '2진수'로 바뀌며 메모리 상자의 내용이 2진수로 바뀝니다. 이것이 기계어의 진짜 모습입니다.(그림 3.19)

기계어의 진짜 모습을 확인한 후에는 '2진수'라고 표시된 버튼을 여러 번 클릭

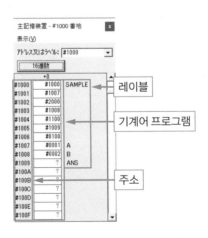

그림 3.18 메모리 내부를 보여주는 창의 내용

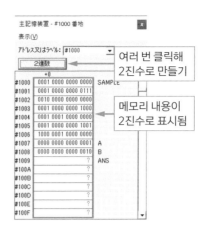

주기억장치 - #1000 番地

여러 번 클릭해
2진수로 만들기

메모리 내용이
2진수로 표시됨

그림 3.19 기계어의 진짜 모습을 확인한다

해서 '16진수'로 되돌리도록 합니다. 2진수를 그대로 쓰면 프로그램의 실행 결과를 확인하기 어렵기 때문입니다.

■ CPU와 메모리 상자에서 데이터를 주고받는 모습을 확인하기

이 프로그램의 내용은 '1과 2를 가산'하는 것입니다. CASL II 시뮬레이터를 사용해 프로그램을 실행한 다음, CPU와 메모리 상자에서 데이터를 주고받는 모습을 확인해 볼까요? 어셈블리어 프로그램이 표시된 창을 확인해 보세요. 'LD GR0, A' 행에 노란색 화살표가 보일 겁니다.(컴퓨터 화면에서는 노란색) 이 화살표는 다음에 실행할 명령을 가리킵니다. 실제로는 메모리 안에 있는 기계어 명령이 실행되지만, 그것이 어셈블리어의 어느 명령에 대응할지 알 수 있습니다. 창 아래에 있는 '실행' 버튼을 클릭하면 명령이 하나씩 실행됩니다. 이 기능을 쓰면 명령을 실행해 CPU와 메모리의 내부에 있는 상자 내용이 어떻게 변화하는지 확인할 수 있습니다.

현시점에서 화살표가 있는 행은 'LD GR0, A'입니다. 이 명령을 실행하면 메모

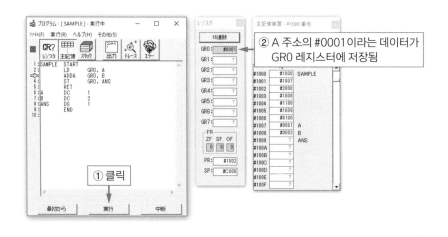

그림 3.20 'LD GR0, A'를 실행한 후의 모습

리의 A 주소에 저장된 #0001이라는 데이터가 CPU의 GR0 레지스터에 저장됩니다. '그렇게 될 거다.'라고 믿고 실행 버튼을 클릭하세요. GR0 레지스터의 내용이 #0001로 바뀌었습니다.(그림 3.20) CASL II 시뮬레이터에서는 CPU나 메모리 상자의 값이 변화하면 빨간색으로 표시됩니다. GR0 레지스터의 변화에 따라 FR 레지스터도 변화해서 빨간색으로 바뀌었지만, 이 프로그램은 FR 레지스터를 참조하라는 명령을 사용하지 않았기 때문에 주목할 필요는 없습니다.

노란색 화살표는 다음 'ADDA GR0, B'를 가리킵니다. 이 명령을 실행하면 메모리의 B 주소에 저장된 #0002라는 데이터가 CPU의 GR0 레지스터에 가산됩니다. 이에 따라 GR0 레지스터의 값이 #0001에서 #0003으로 바뀔 겁니다. 실행 버튼을 클릭하세요. GR0 레지스터의 값이 #0003으로 바뀌었습니다. GR0 레지스터의 값이 변화했기 때문에 빨간색으로 표시됐죠.(그림 3.21)

노란색 화살표는 다음의 'ST GR0, ANS'를 가리킵니다. 이 명령을 실행하면 CPU의 GR0 레지스터에 저장된 #0003(1과 2의 가산 결과)이 메모리의 ANS 주

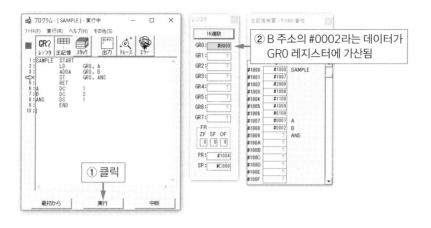

그림 3.21 'ADDA GR0, B'를 실행한 후의 모습

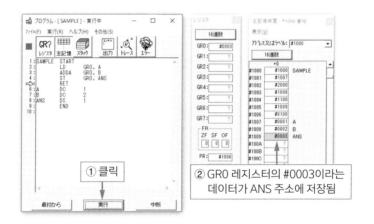

그림 3.22 'ST GR0, ANS'를 실행한 후의 모습

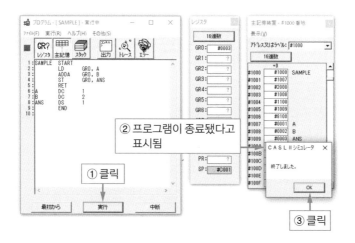

그림 3.23 RET를 실행한 후의 모습

소에 저장됩니다. 그 결과 ANS 주소의 값이 ?(부정)에서 #0003으로 바뀔 겁니다. 실행 버튼을 클릭하세요. ANS 주소의 값이 #0003으로 바뀌었습니다. ANS 주소의 값이 변화했기 때문에 빨간색으로 표시됐습니다.(그림 3.22)

노란색 화살표는 다음의 'RET'을 가리킵니다. 이 명령을 실행하면 프로그램 처리의 흐름이 이 프로그램을 호출한 OS로 돌아가며 프로그램이 종료됩니다. '실행' 버튼을 클릭하세요. 작은 창이 뜨고 '종료됐습니다.'라는 메시지가 보이면서 프로그램이 종료됐습니다. OK 버튼을 클릭해 작은 창을 닫으세요.(그림 3.23)

■ 명령이 순서대로 실행되는 시스템 확인하기

CASL Ⅱ 시뮬레이터로 프로그램에 있는 명령이 순서대로 실행되는 시스템을 확인해 보겠습니다. 이를 위해 지금까지 썼던 것과 같은 프로그램을 다시 실행할게요. '어셈블링' 버튼을 클릭하세요. 프로그램을 처음부터 실행하는 상태로 바뀔 겁니다. 그 후에 프로그램을 실행할 때는 CPU의 프로그램 레지스터에 주목하세요.

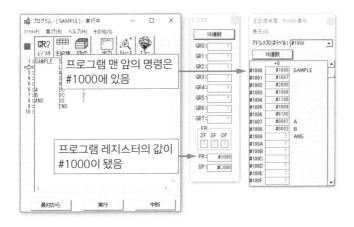

그림 3.24 프로그램을 실행하기 전의 상태

프로그램 레지스터에는 다음에 실행할 명령의 주소가 저장됩니다. 한 명령을 실행하면 프로그램 레지스터의 값이 다음에 실행할 명령의 주소로 업데이트됩니다.

이 시스템이 프로그램에 있는 명령을 순서대로 실행합니다. 현시점에서는 프로그램 실행을 시작하기 전의 상태가 됐습니다. 메모리를 확인해 보세요. 프로그램 맨 앞의 명령은 #1000 주소에 있습니다. CPU를 확인해 보세요. 프로그램 레지스터의 값이 #1000으로 돼 있습니다. 이것은 다음에 실행할 것이 이 프로그램의 맨 앞인 #1000 주소이기 때문입니다.(그림 3.24)

실행 버튼을 클릭해 'LD GR0, A'라는 명령을 실행하세요. 프로그램 레지스터의 값은 #1002로 업데이트됩니다. 이는 'LD GR0, A'라는 어셈블리어 명령이 #1000 주소와 #1001 주소에 저장된 #1000과 #1007이라는 기계어에 대응하기 때문이에요. 메모리 상자의 크기는 16비트입니다. 'LD GR0, A'라는 어셈블리어 명령은 32비트의 기계어이기 때문에, 이것이 16비트씩 나뉘어 메모리의 2개 상자에 저장된 것입니다. #1000 주소와 #1001 주소에 저장된 명령을 실행한 것이

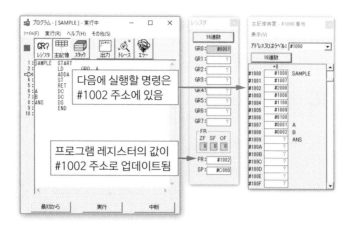

그림 3.25 'LD GR0, A'를 실행한 후의 상태

라 다음에 실행할 명령은 #1002 주소입니다.(그림 3.25)

　실행 버튼을 클릭해 'ADDA GR0, B'라는 명령을 실행하세요. 프로그램 레지스터의 값은 #1004로 업데이트됩니다. 이는 'ADDA GR0, B'의 기계어가 주소 #1002와 #1003에 저장된 #2000과 #1008이며, 다음에 실행할 명령이 #1004 주소에 있기 때문입니다.(그림 3.26)

　실행 버튼을 클릭해 'ST GR0, ANS'라는 명령을 실행하세요. 프로그램 레지스터의 값은 #1006으로 업데이트됩니다. 이는 'ST GR0, ANS'의 기계어가 주소 #1004와 #1005에 저장된 #1100과 #1009이며, 다음에 실행할 명령이 #1006에 있기 때문이에요.(그림 3.27)

　실행 버튼을 클릭해 'RET'이라는 명령을 실행하세요. 프로그램이 종료됩니다. 이때 프로그램 흐름은 프로그램을 켠 OS로 되돌아오기 때문에 프로그램 레지스터는 OS 프로그램에서 다음에 실행될 명령의 주소가 됩니다. 단, 그 주소를 구체적으로 나타내지 못하기 때문에(가상 OS이기 때문에) 프로그램 레지스터의 값은

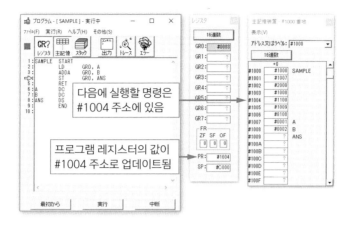

그림 3.26 'ADDA GR0, B'를 실행한 후의 상태

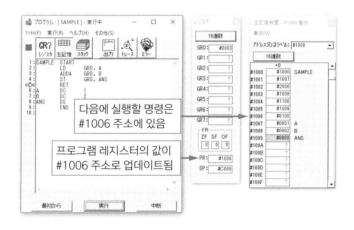

그림 3.27 'ST GR0, ANS'를 실행한 후의 상태

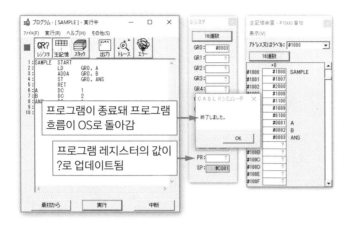

그림 3.28 'RET'을 실행한 후의 상태

부정을 의미하는 ?가 됩니다.(그림 3.28)

OK 버튼을 클릭해 '종료됐습니다.'라는 메시지가 적힌 작은 창을 닫으세요. 이 상으로 CASL II 시뮬레이터를 사용한 어셈블리어 체험은 끝났습니다. 어셈블리어 프로그램이 표시된 창 오른쪽 위의 종료 버튼(X 버튼)을 클릭하세요. 3개의 창이 모두 닫히며 CASL II 시뮬레이터가 종료됩니다.

이 장의 목적은 딱 하나였습니다. '1과 2를 가산'하는 프로그램을 실행했을 때, 컴퓨터 내부가 어떻게 작동하는지 이해하는 것. 이를 위한 수단으로, 어셈블리어로 프로그램을 작성하고 어떻게 작동하는지를 확인했습니다. 어셈블리어를 체험해 본 감상은 어땠나요? 틀림없이 컴퓨터를 더 깊이 이해할 수 있었을 겁니다. 컴퓨터 하드웨어와 소프트웨어의 지식이 연결되고, 이에 컴퓨터가 어떻게 작동하는지 알겠다는 감도 생겼을 테죠. 제4장에서는 분기와 반복이라는 '프로그램 흐름'을 설명한 다음, 아주 살짝 '알고리즘'과 관련한 이야기를 해보겠습니다.

제4장

강물처럼 흘러가는 프로그램

워밍업

본문을 읽기 전, 워밍업으로 아래 퀴즈에 도전해 보세요.

퀴즈

초급 문제

플로차트를 또 다른 말로 뭐라고 할까요?

중급 문제

프로그램 흐름의 종류를 3가지 말해보세요.

상급 문제

이벤트 드리븐이란 무엇일까요?

어떤가요? 다시 보니 간결하게 답하기 어려운 문제도 있지 않았나요?
정답과 해설은 아래에 있습니다.

정답

초급 문제 : 순서도라고 부릅니다.

중급 문제 : 순차·분기(선택)·반복입니다.

상급 문제 : 이벤트에 따라 프로그램 흐름이 결정되는 것입니다.

해설

초급 문제 : 순서도(flowchart. 흐름도)는 프로그램 흐름을 그림으로 보여주려고 작성
합니다.

중급 문제 : 프로그램 흐름에는 3가지가 있고, 이 모두는 강물 흐름과 같습니다. 프로그
램에서 똑바로 흐르는 것을 '순차', 흐름이 갈리는 것을 '분기', 흐름이 소용
돌이처럼 반복되는 것을 '반복'이라고 부릅니다.

상급 문제 : Windows 애플리케이션은 이벤트 드리븐으로 작동합니다. 예를 들어 '파
일 열기' 메뉴를 선택했을 때 파일명과 저장 장소를 지정하는 창이 열리는
것은 메뉴를 선택했다는 이벤트 때문에 프로그램 흐름이 창을 여는 처리를
하도록 결정됐기 때문입니다.

이번 장의 주제는 프로그램 흐름입니다. 프로그래머는 항상 프로그램 흐름을 생각하며 프로그램을 만듭니다. 프로그램을 만든 경험이 없는 사람은 프로그램이 흐른다는 것을 모릅니다. 내가 생각한 대로 프로그램을 만들지 못하는 사람은 프로그램이 흐른다는 이미지를 충분히 이해하지 못한 것입니다.

　　프로그램은 왜 흐르는 걸까요? 그건 컴퓨터의 두뇌인 CPU가 해석하고 실행할 수 있는 명령이 기본적으로 하나뿐이기 때문입니다. 프로그램은 명령과 명령의 대상인 데이터를 나란히 적은 것입니다. 긴 종이테이프에 여러 명령이 하나씩 순서대로 나란히 적혀 있는 모습을 상상해 보세요. 이 테이프를 끝까지 순서대로 해석하고 실행하다 보면 프로그램이 흘러가는 것처럼 보일 텐데, 그게 바로 프로그램 흐름입니다. 단, 프로그램 흐름은 한 가지 종류만 있는 것이 아닙니다. 먼저 프로그램 흐름의 종류부터 설명해 보죠.

■ 프로그램 흐름의 3가지 종류

　여기까지 이 책을 읽은 여러분은 컴퓨터 하드웨어가 작동하는 모습을 상상할 수 있을 겁니다. 컴퓨터 하드웨어는 CPU, 메모리, I/O 3개 장치로 구성됩니다. 메모리에는 프로그램, 즉 명령과 데이터가 저장됩니다. CPU는 클록 제너레이터로 생성되는 클록 신호에 맞춰서, 명령을 메모리에서 읽고 그것을 순서대로 해석하고 실행합니다.

　CPU 안에 있는 레지스터는 역할이 다양합니다. 그중 하나로 프로그램 레지스터[1]가 있죠. 프로그램 레지스터는 다음에 실행할 명령이 기억된 메모리 주소를 저장하는 역할을 도맡고 있습니다. 프로그램 레지스터의 값은 명령 하나를 해석

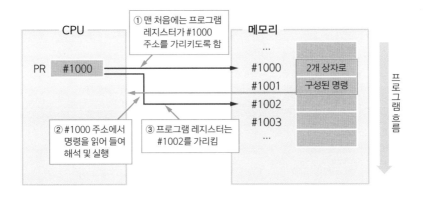

하고 실행할 때마다 자동으로 업데이트됩니다.

프로그램 레지스터의 값은 기본적으로 계속 더해집니다. 예를 들어 메모리 주소의 #1000(#은 16진수라는 것을 표현)에 상자 2개로 구성된 명령이 기억돼 있었다면, 그것을 해석하고 실행한 후에는 프로그램 레지스터의 값이 #1000＋2＝#1002가 됩니다. 즉 프로그램은 기본적으로 메모리에 기억된 하위 주소(작은 주소)에서 상위 주소(큰 주소)를 향해 흘러가는 겁니다. 이 같은 프로그램 흐름을 '순차'라고 부릅니다.(그림 4.1)

프로그램 흐름은 총 3가지 종류가 있습니다. 순차 외에는 '분기'와 '반복'입니다. 딱 3가지밖에 없어 기억하기가 쉽죠? 분기는 '선택'이라고 부르기도 합니다.

순차는 아까 설명했듯 메모리에 저장된 순서에 따라 진행되는 흐름입니다. 분기는 어떤 조건에 따라 프로그램 흐름이 나눠지는 것입니다. 반복은 말 그대로 프로그램의 특정 범위를 몇 번씩 반복하는 흐름입니다. 아무리 규모가 크고 복잡한 프로그램이더라도 3가지 흐름의 조합으로 구현됩니다.

프로그램의 3가지 흐름은 강물과 같습니다. 산에 있는 샘에서 솟아난 맑은 물

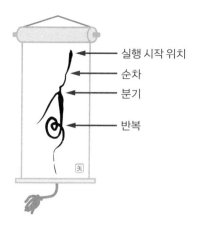

실행 시작 위치

순차

분기

반복

그림 4.2 프로그램 흐름 3가지

이 처음 흐름니다.(프로그램의 실행 시작 위치) 산을 내려가 흐른 물은 똑바로 흐르기도 하지만(순차), 도중에 갈라지기도 하고(분기), 상황에 따라 소용돌이치기도 (반복) 합니다. 프로그램 흐름이 마치 족자에 그려진 산수화(그림 4.2)처럼 아름답지 않나요?

산수화만큼 아름답지 않을지는 몰라도, 간단한 프로그램을 보여드리겠습니다. List 4.1은 Python[2]이라는 프로그래밍 언어로 작성한 '가위바위보 게임'입니다. 컴퓨터와 사용자가 5번 가위바위보를 해서 사용자가 이긴 횟수를 표시하는 것이죠. 그림 4.3은 실행 결과입니다.

---

1 여기서는 제2장과 제3장에서 언급한 COMET II의 CPU와 메모리라고 가정해서 설명하고 있습니다.

2 이 책의 제1판에서 VBScript라는 프로그래밍 언어를 사용했던 부분을 제2판에서는 Python으로 수정했습니다. Python이 설치된 환경을 확보하고 있다면 List 4.1을 rsp.py라는 파일명으로 작성한 다음, 단말(Windows에서는 명령 프롬프트)에서 'python rsp.py'라고 입력하면 프로그램을 실행할 수 있습니다.

List 4.1 Python으로 작성한 '가위바위보 게임'

```python
# 난수를 생성하는 모듈 불러오기
import random

# 작동 메시지 표시하기
print("가위바위보 게임 version 1.00")
print("바위 = 0, 가위=1, 보=2")

# 사용자의 승패를 카운트하는 변수를 초기화
win = 0
lose = 0

# 5번 승부(무승부는 제외)
n = 1
while n <= 5:
    # 사용자의 손을 키 입력
    print()
    user = int(input("사용자의 손-->"))

    # 컴퓨터의 손을 난수로 결정
    computer = random.randint(0, 2)
    print(f"컴퓨터의 손-->{computer}")

    # 승패를 판정해 결과를 표시
    if user == computer:
            print("무승부입니다.")
    elif user == (computer -1) % 3:
            print("사용자의 승리입니다.")
            win += 1
            n += 1
    else:
            print("사용자의 패배입니다.")
            lose += 1
            n += 1

# 사용자의 승패를 표시
print(f"{win}승{lose}패입니다.")
```

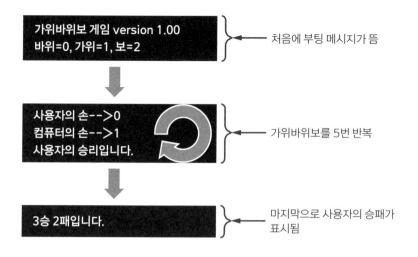

가위바위보 게임 version 1.00
바위=0, 가위=1, 보=2 ⟵ 처음에 부팅 메시지가 뜸

사용자의 손-->0
컴퓨터의 손-->1
사용자의 승리입니다. ⟵ 가위바위보를 5번 반복

3승 2패입니다. ⟵ 마지막으로 사용자의 승패가
표시됨

그림 4.3 List 4.1 실행 결과의 예

■ 프로그램 흐름을 그림으로 나타낸 순서도

List 4.1에서 예시로 들은 '가위바위보 게임'은 순차, 분기, 반복이라는 3가지 흐름을 조합한 것입니다. Python을 모르는 사람 눈에는 프로그램 구문이 마법 주문처럼 보일지도 모릅니다. 여기서 누구나 아는 방법으로 List 4.1의 내용을 표현해 보겠습니다. 바로 '순서도'를 이용해서 말입니다.

순서도, 즉 플로차트(flowchart)는 프로그램 흐름(flow)을 나타낸 그림(chart)으로 '흐름도'라고도 부릅니다. 프로그램을 작성하기 전에 대부분은 순서도나 그에 비견할 만한 것을 작성하며 프로그램 흐름을 생각합니다. 그림 4.4는 순서도로 '가위바위보 게임'을 표현한 것입니다. 이 순서도는 흐름의 개요만 표현했습니다.

특정한 프로그래밍 언어에 의존하지 않기 때문에 순서도는 편리한 수단입니다. 그림 4.4의 순서도 흐름을 Python이 아니라 다른 언어, 예를 들면 C 언어나 Java의 프로그램으로 작성할 수도 있습니다.

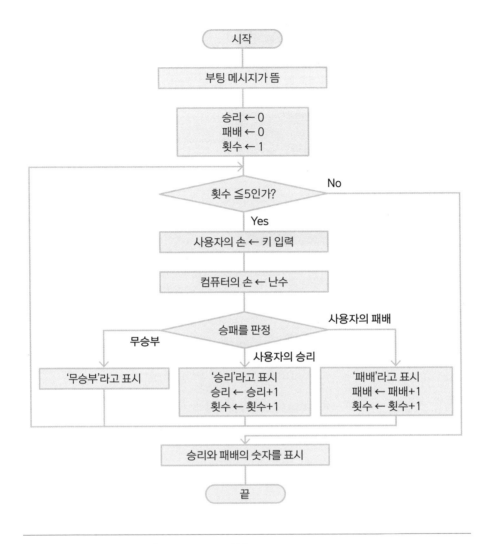

시작

부팅 메시지가 뜸

승리 ← 0
패배 ← 0
횟수 ← 1

횟수 ≦5인가? — No

Yes

사용자의 손 ← 키 입력

컴퓨터의 손 ← 난수

승패를 판정 — 사용자의 패배

무승부

사용자의 승리

'무승부'라고 표시

'승리'라고 표시
승리 ← 승리+1
횟수 ← 횟수+1

'패배'라고 표시
패배 ← 패배+1
횟수 ← 횟수+1

승리와 패배의 숫자를 표시

끝

그림 4.4 순서도로 표현한 '가위바위보 게임'

프로그램은 순서도의 흐름을 특정 프로그래밍 언어 문법에 맞게 문서로 표현한 것이기 때문이죠. 상세한 순서도가 있으면 프로그램은 완성된 것이나 마찬가지입니다. 필자의 경험으로는 순서도를 작성하는 데 1개월이나 걸렸는데, 프로그램 작성은 이틀 만에 끝난 적이 있습니다. 그나저나 여러분은 순서도를 잘 그리나요?

순서도에는 기호가 많아, 이것들을 다 사용해 순서도를 작성하기는 귀찮다고 생각하는 사람들이 많을 겁니다.

프로그램 흐름을 표현하는 데 필요한 기호는 실제로 얼마 되지 않습니다. 표 4.1의 기호만 기억해 두면 충분합니다. 필자도 이것들 외의 기호는 거의 사용하지 않습니다. 디스플레이나 프린터 용지 모양의 기호도 있지만, 표현을 더욱 다양하게 하는 보너스 같은 걸로 생각하면 됩니다.

표 4.1에 정리한 기호만 사용해 프로그램의 3가지 흐름을 작성해 보겠습니다.(그림 4.5) 순차는 사각형 상자를 직선으로 연결하면 됩니다.(a) 분기는 마름모꼴로 흐름을 나눕니다.(b) 반복은 조건에 따라 처리한 다음, 앞으로 되돌립니다.(c) 어때요? 모든 흐름이 다 표현됐죠?

표 4.1 최소한으로 필요한 순서도 기호

기호	의미
⬭	시작과 끝을 나타냄
▭	처리를 표현함
◇	분기나 반복의 조건을 나타냄
↓	기호를 이어 흐름을 보여주는 방향을 명확하게 할 때는 화살표 표시를 붙임

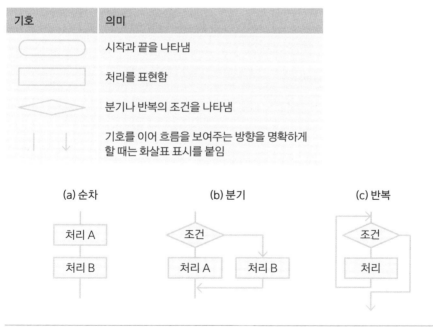

그림 4.5 순서도로 표현한 순차, 분기, 반복의 흐름

자고로 프로그래머라면 자유자재로 순서도를 작성할 줄 알아야 합니다. 프로그램 흐름을 생각할 때는 먼저 머릿속에 순서도를 그려보는 것이 좋습니다.

■ 반복 블록을 표현하는 모자와 바지

순서도 이야기를 조금만 더 해보겠습니다. 순서도로 반복을 표현할 때, 그림 4.6에 표현한 기호를 사용할 수도 있습니다. 필자는 이것들을 '모자와 바지'라고 부릅니다. (물론 정식 명칭은 아닙니다.) '육각형'이라기보단 수영 모자와 수영복 바지 형태에 가깝기 때문입니다.

모자 형태의 기호와 바지 모양의 기호 안에는 그것들이 세트로 묶여 있다는 것을 나타내기 위해 적당한 이름을 적어넣습니다. 그리고 반복되는 처리를 모자와 바지 안에 넣습니다. 반복 안에 또 반복이 있을 때는 모자와 바지를 2개씩 씁니다. 세트로 묶인 모자와 바지를 분별할 수 있도록 이름을 적어두는 거죠.

여담이지만 필자에게는 형이 있습니다. 형과 동생의 모자와 바지를 함께 세탁하면 뭐가 누구 것인지 모르기 일쑤입니다. 그래서 필자의 모친은 우리 형제의 모자와 바지에 이름을 적어두었습니다.

순서도에서 모자와 바지의 기호에 이름을 쓰는 것도 그와 목적이 같습니다.(그

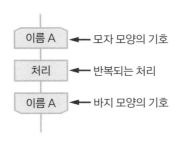

그림 4.6 반복을 표현하는 기호

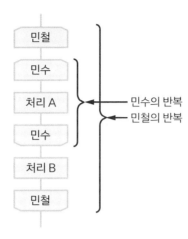

민수의 반복
민철의 반복

그림 4.7 반복 안에 반복이 있을 경우

림 4.7) 이야기가 주제에서 벗어났으니 본론으로 돌아가야겠네요. 컴퓨터의 하드웨어적인 작동에서 반복은 조건에 따라 이전 처리로 되돌아가며 실현됩니다. 기계어나 어셈블리어로 점프 명령[3]을 사용하면 프로그램 레지스터로 점프할 메모리 주소가 설정됩니다. 이때, 이전에 실행한 처리의 메모리 주소를 설정하면 반복이 실행됩니다.

따라서 반복을 나타낼 때는 그림 4.5 (c)에 표현한 마름모꼴 기호의 순서도면 충분합니다. 기계어 또는 어셈블리어로 반복을 표현할 경우, 특정한 비교를 한 다음 그 결과에 따라 이전 주소로 점프합니다.(그림 4.8)

하지만 지금은 기계어나 어셈블리어를 거의 쓰지 않습니다. 더 효율적으로 프로그램을 작성할 수 있는 C 언어, Java, Python 같은 고급 언어를 쓰죠. 고급 언어로는 점프 명령이 아니라 '블록'을 사용해 반복을 표현합니다.

---

3   점프 명령은 프로그램의 임의 위치에서 처리 흐름을 변경하는 명령입니다. 어셈블리어로는 점프 명령의 피연산자에 점프할 메모리 주소를 지정합니다.

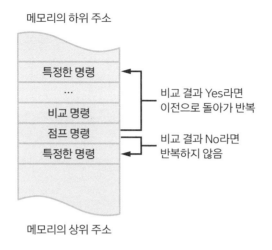

메모리의 하위 주소

특정한 명령

...

비교 명령

점프 명령

특정한 명령

비교 결과 Yes라면
이전으로 돌아가 반복

비교 결과 No라면
반복하지 않음

메모리의 상위 주소

그림 4.8 하드웨어 관점에서 본 반복 동작

블록이란 프로그램 '덩어리'를 표현하는 것입니다. 반복 대상이 되는 부분은 프로그램 덩어리 중 하나입니다. 그림 4.6에 그린 모자와 바지 기호로 반복을 표현한 방식은 블록을 사용하는 고급 언어에 적절한 표현입니다.

List 4.2는 아까 작성한 '가위바위보 게임' 코드에서 반복 중인 블록을 뺀 것입니다. Python으로는 while이라는 구문으로 반복을 표현합니다. 반복하는 처리는 들여쓰기(행의 맨 앞에 공백 문자를 입력해 공백을 만드는 것)를 합니다. while 뒤에 반복 조건을 기술합니다. while n <= 5는 가위바위보의 횟수를 나타내는 변수 n이 5 이하인 이상 반복한다는 뜻입니다. 순서도에서는 이 반복 조건을 모자 안에 씁니다.(그림 4.9)

바지와 모자로 반복 처리를 표현하는 것은 고급 언어를 사용해 프로그래밍하기에 적절한 방법입니다. 단, 하드웨어 작동을 그대로 나타내는 기계어나 어셈블리어에는 while에 해당하는 명령이 없습니다.

분기에서 이전 처리로 돌아가면 반복이 실현됩니다. 물론 분기도 점프 명령으

```
while n <= 5:
    #사용자의 손을 키 입력
    print()
    user = int(input("사용자의 손-→"))

    #컴퓨터의 손을 난수로 결정
    computer = random.randint(0, 2)
    print(f"컴퓨터의 손 -→{computer}")
    ...
```

―― 반복 블록

그림 4.9 List 4.2를 순서도로 표현한 것

로 실현되기는 합니다. 비교를 실행한 결과, 이전 처리로 점프하면 반복이지만 다음 처리로 분기해 점프하면 분기입니다.(그림 4.10)

고급 언어에서는 분기도 블록으로 표현됩니다. Python으로는 if, elif, else로 분기를 나타냅니다. 이 키워드에 따라 3개의 영역으로 구분된 블록이 만들어집니다.(List 4.3) if 뒤에 기술된 조건과 일치하면 if의 블록에 기술된 명령으로 흐름이 분기되고, elif(else if라는 뜻) 뒤에 기술된 조건과 일치하면 elif의 블록에 기술된 명령으로 흐름이 분기됩니다.

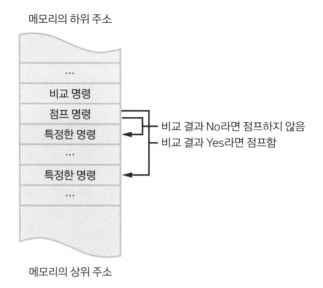

메모리의 하위 주소

...
비교 명령
점프 명령 — 비교 결과 No라면 점프하지 않음
특정한 명령 — 비교 결과 Yes라면 점프함
...
특정한 명령
...

메모리의 상위 주소

그림 4.10 하드웨어 관점으로 본 분기 작동

List 4.3 고급 언어로 조건 분기를 표현

```
if user == Computer:
    print("무승부입니다.")
```
— if 블록

```
elif user == (computer - 1) % 3:
    print("사용자의 승리입니다.")
    win += 1
    n += 1
```
— elif 블록

```
else:
    print("사용자의 패배입니다.")
    lose += 1
    n += 1
```
— else 블록

어느 조건과도 일치하지 않으면 else 블록에 기술된 명령으로 흐름이 분기되고 요. 고급 언어의 조건 분기 블록은 마름모꼴 기호를 사용한 순서도로 표현할 수 있습니다.

■ 구조적 프로그래밍이란 무엇일까?

블록과 관련한 이야기가 나왔으니 '구조적 프로그래밍'도 설명해 보겠습니다. 여러분도 이 단어는 어딘가에서 들어본 적이 있겠죠? 구조적 프로그래밍은 '데이크스트라'라는 학자가 제창한 프로그래밍 스타일입니다. 구조적 프로그래밍을 간단하게 설명하면 이렇습니다. "프로그램을 구조적으로 만들자. 그러려면 프로그램 흐름을 순차, 분기, 반복만으로 표시해 점프 명령을 사용하지 않도록 하자."[4] 프로그램 흐름을 순차, 분기, 반복만으로 표현하는 것은 당연하지만 점프 명령을 사용하지 않는다는 점에 주목하세요.

컴퓨터의 하드웨어 작동은 점프 명령을 사용해야 분기와 반복도 실현할 수 있습니다. 단, Python 같은 고급 언어는 조건 분기를 if~elif~else 블록으로 표현할 수 있고, 반복을 while 블록으로 표현할 수 있어요. 이러면 점프 명령이 필요하지 않지만, 그래도 고급 언어에는 저급 언어의 점프 명령에 해당하는 명령(예를 들어 C 언어로는 goto 명령)이 준비돼 있습니다. 데이크스트라는 "기왕 고급 언어를 쓰고 있으니 점프 명령에 해당하는 명령 같은 건 쓰지 마. 그런 명령을 쓰지 않아도 프로그램 흐름을 나타낼 수 있어."라고 말하고 싶었던 거겠죠. 점프 명령은 프로그램 흐름이 복잡하게 얽혀버린 '스파게티 코드'로 프로그램을 빠뜨릴 위험성이 높기 때문입니다.(그림 4.11)

---

4   순차, 분기, 반복 구조로 만드는 것 외에 프로그램을 부품처럼 나눈 구조로 만드는 것도 구조적 프로그래밍이라고 부르는 경우가 있습니다.

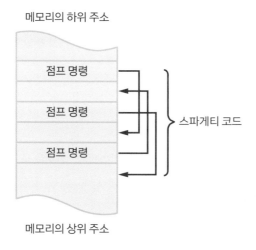

메모리의 하위 주소

점프 명령

점프 명령

점프 명령

} 스파게티 코드

메모리의 상위 주소

그림 4.11 점프 명령(goto 명령)은 프로그램을 스파게티 코드로 만든다

■ 알고리즘을 순서도로 생각해 보자

순서도에서 더 나아가 알고리즘(algorithm)과 관련한 이야기를 아주 조금만 해볼게요. 알고리즘이란 주어진 문제를 해결하는 순서를 말합니다. 문제를 푼다는 말은 해당 문제를 프로그램 흐름으로 표현한다는 것을 의미하죠.

명령 하나만으로 '가위바위보 게임'을 구현할 수 있는 프로그래밍 언어는 존재하지 않습니다. '가위바위보 게임'이라는 문제가 던져졌다면, 명령 몇 개를 조합한 흐름을 생각해야 합니다. '가위바위보 게임'을 구현하는 흐름을 생각했다면 문제가 풀립니다. 즉 알고리즘이 완성됩니다. 만약 선배가 여러분에게 "이 프로그램의 알고리즘은 어떻게 돼 있어?"라는 질문을 한다면 프로그램 흐름을 설명하면 됩니다. 순서도를 써도 되고요. 프로그램 흐름을 그림으로 그린 순서도는 알고리즘을 표현하기 때문입니다.

알고리즘을 생각하는 포인트는 프로그램 전체의 대략적인 흐름과 프로그램 각 부분의 세세한 흐름, 이렇게 2단계라고 생각하는 것입니다. 세세한 흐름은 다음

장에서 설명할 예정이라, 여기서는 대략적인 흐름만 설명하고 넘어가겠습니다.

이건 아주 간단한 흐름입니다. 다소 예외는 있다고 하더라도 프로그램 대부분은 지극히 당연한 흐름이 하나 있습니다. 그건 바로 '초기 처리' → '반복 처리'(주 처리) → '종료 처리'라는 흐름입니다.

사용자가 프로그램을 어떻게 사용할지 생각해 볼까요? 먼저 프로그램을 켭니다.(초기 처리 진행) 다음으로 프로그램을 필요한 만큼 사용합니다.(반복 처리 진행) 마지막으로 프로그램을 종료합니다.(종료 처리 진행) 이처럼 프로그램을 사용하는 방식이 그대로 프로그램 전체의 흐름이 됩니다. 예를 들어 '가위바위보 게임'의 순서도를 초기 처리, 반복 처리, 종료 처리로 나눠 대략 작성하면 그림 4.12처럼 되는 거죠. 반복 처리 5회는 전체를 한 처리라고 생각합니다.

프로그램 전체의 대략적인 흐름은 필자가 이 원고를 쓰고 있는 워드프로세서에서도 같습니다.(그림 4.13) 먼저 워드프로세서를 켜고, 용지 사이즈와 방향 등을 설정합니다.(초기 처리) 다음으로 문자 입력과 삭제 같은 문서 편집을 반복합니다.(반복 처리) 마지막으로 문서를 저장합니다.(종료 처리)

그림 4.12 가위바위보 게임의 대략적인 순서도

시작

문서 설정하기
(초기 처리)

문서 편집하기
(반복 처리)

문서 저장하기
(종료 처리)

끝

그림 4.13 워드프로세서의 대략적인 순서도

프로그램이 생각대로 만들어지지 않는다고 고민하는 분들은 프로그램 전체의 흐름을 대략 나타낸 순서도를 먼저 작성해 보는 것이 좋아요. 순서도를 서서히 상세하게 만들다 보면 원하는 순서도가 완성됩니다. 그 후에는 순서도 흐름대로 프로그램을 작성하면 됩니다.

■ 이벤트 드리븐이라는 특수한 흐름

마지막으로 조금 특수한 프로그램 흐름을 설명해 보겠습니다. 바로 '이벤트 드리븐'(event driven)인데요. 이벤트 드리븐은 Windows 애플리케이션 같은 GUI(Graphical User Interface) 환경의 프로그램에서 사용됩니다. 애플리케이션 사용자가 마우스를 클릭하거나 키보드를 입력하는 것을 '이벤트'(event=사건)라고 부릅니다. 이벤트를 감지하는 것은 OS인 Windows죠. Windows는 애플리케이션의 함수를 호출해 이벤트 발생을 애플리케이션에 알립니다. 애플리케이션에는 마우스 클릭이나 키보드 입력 등에 대응하도록 각각의 처리를 진행하는 함수를 준비해 둡니다.

이것이 바로 이벤트 드리븐입니다. 이벤트 드리븐은 이벤트 종류에 따라 프로그램 흐름이 결정되는 특수한 분기입니다. 이벤트 드리븐의 흐름을 순서도로 표현할 수도 있지만, 많은 마름모꼴(조건)이 나열된 복잡한 모양새가 나올 수 있습니다. 이 같은 이벤트 드리븐을 편리하게 나타낸 것이 '상태 전이도'입니다. 상태 전이에는 여러 가지가 있는데, 다양한 요인에 따라 다른 상태로 바뀌는 흐름을 말합니다.

GUI 환경용 프로그램이라면 화면에 표시된 창에 몇 가지 상태가 있습니다. 예를 들어 그림 4.14에 보이는 '계산기 애플리케이션'에서는 결과를 표시하고 있는 상태, 첫 번째 값을 표시하고 있는 상태, 두 번째 값을 표시하고 있는 상태, 이렇게 3가지 상태로 생각해 볼 수 있습니다.[5] 어떤 종류의 키를 눌렀느냐에 따라 상태가 바뀌는(전이) 겁니다.

그림 4.14 Windows에 기본으로 탑재된 계산기 애플리케이션

---

5 계산기 애플리케이션의 상태를 어떻게 나누는지는 프로그램 설계자에 따라 달라집니다. 여기서는 계산기의 표시에 주목해 연산 결과를 표시한 상태, 연산하는 첫 번째 값을 표시한 상태, 첫 번째 값과 연산하는 두 번째 값을 표시한 상태. 이렇게 3가지 상태로 나눴습니다.

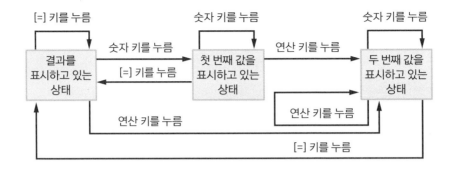

그림 4.15 계산기 애플리케이션의 상태 전이도 예시

표 4.2 계산기 애플리케이션의 상태 전이표 예시

상태/상태 전이의 원인	숫자 키를 누름	[=] 키를 누름	연산 키를 누름
(1) 결과를 표시하고 있는 상태	→(2)	→(1)	→(3)
(2) 첫 번째 값을 표시하고 있는 상태	→(2)	→(1)	→(3)
(3) 두 번째 값을 표시하고 있는 상태	→(3)	→(1)	→(3)

상태 전이도에서는 사각형 상자 안에 상태명을 적고, 전이 방향을 화살표로 표시해 그 위에 전이 요인(이벤트)을 덧붙여 씁니다.(그림 4.15)

그림 그리는 것이 귀찮은 분들께는 '상태 전이표'를 추천합니다.(표 4.2) 표는 Microsoft Excel 같은 표 계산 소프트웨어로 만들 수 있고, 그림에 비하면 수정하기도 쉽습니다. 세로 타이틀에 상태를, 가로 타이틀에 전이 요인을 적고 각각의 셀에 전이 상태의 번호를 적습니다.

이벤트 드리븐을 설명한 내용을 읽으며 조금 난감함을 느꼈을지도 모르지만, 흐름 종류는 3가지, 즉 순차, 분기, 반복밖에 없다는 사실에는 변함이 없습니다. 프로그램 흐름의 기본은 순차입니다.

분기와 반복은 고급 언어를 쓰면 while이나 if 같은 블록으로 표시하고, 기계어나 어셈블리어를 쓰면 점프 명령으로 표시합니다. 하드웨어적으로는 프로그램 레지스터에 점프할 곳의 메모리 주소를 설정하는 것으로 실현됩니다. 이 이미지를 잘 파악해 두면 됩니다. 제5장에서는 이 장에서 살짝 언급했던 '알고리즘'을 더 자세히 설명하겠습니다.

세미나 현장에서

PC의 분해 실습

필자는 기업의 IT 부문 신입 사원들을 대상으로 하는 'IT 기초'라는 세미나에서 강사로 활동하고 있습니다. 세미나의 첫 테마로 지금은 쓰지 않는 오래된 Windows PC를 분해해 내부에 있는 CPU, 메모리, I/O 등의 장치를 확인합니다. 세미나 현장을 소개해 보겠습니다.

강사 : 먼저 컴퓨터의 두뇌인 CPU를 꺼내 보겠습니다.

수강자 : 어디에 있는 건가요?

강사 : 컴퓨터가 작동할 때 발생하는 열을 내보내는 팬과 핀(금속의 얇은 판이 늘어서 있는 것) 아래에 있어요.

수강자 : INTEI PENTIUM4 2.40GHz라는 CPU가 있었네요!

강사 : 그게 광고에서 자주 듣는 '인텔 인사이드'라는 거예요. CPU의 뒷면을 한번 볼까요?

수강자 : 꽃꽂이를 할 때 쓰는 침봉같이 생긴 핀이 많이 있네요. 금색이라 예뻐요.

강사 : 전기가 잘 흐를 수 있게 도금돼 있거든요. PC뿐만 아니라 스마트폰이나 디지털카메라 안에 들어 있는 전자부품은 금이나 구리 같은 귀중한 금속으로 만들어요. 도쿄 2020 올림픽 패럴림픽에서는 오래된 전자기기로 재활용한 금속을 이용해 메달을 만들었다는 이야기를 들은 적이 있죠?

수강자 : 네, 기억나요. '모두의 메달 프로젝트' 말이죠?

강사 : 이번엔 메모리 모듈(여러 개의 IC가 탑재된 보드)을 꺼내 볼까요?

수강자 : 삼성에서 만든 256MB의 메모리 모듈이 4장 있었네요! 256MB×4=1024 MB예요. 수치가 어중간한데요?

강사 : 아뇨 아뇨, 10진수의 1024는 2진수

오래된 Windows PC의 뚜껑을 연 모습　　　　PC에서 꺼낸 CPU와 메모리 모듈

로 10000000000이기 때문에 딱 좋은 수치예요.

수강자 : 그 외의 IC에는 어떤 역할이 있나요?

강사 : 주요 역할은 다양한 주변장치를 연결해 주는 I/O입니다. 이 시대의 Windows PC를 보면 노스브리지와 사우스브리지가 아래에 달려 있어요.

수강자 : PC 방향에 위아래가 있는 것 같아 재미있네요!

기업의 교육 담당자 중에는 'PC를 분해하는 게 학습 효과가 있을까?'라는 의문을 품은 분들도 계신 듯하지만, 아주 중요한 효

과가 있습니다. 바로 '내용을 이해해야 좋아하게 된다.', '좋아하면 잘하게 된다.'라는 것입니다. 다른 예를 들자면 운전만 하는 사람보다 보닛을 열고 그 안을 이리저리 만져보는 사람이 자동차를 더 좋아하는 것과 같겠죠. 자동차를 좋아하는 사람은 운전도 잘하는 법입니다. 이 진리는 컴퓨터 세계에서도 다르지 않습니다.

제 5 장

알고리즘과 사이좋게 지낼 수 있는 7가지 포인트

워 밍 업

본문을 읽기 전, 워밍업으로 아래 퀴즈에 도전해 보세요.

퀴즈

초급 문제

알고리즘을 한국어로 번역하면 무엇일까요?

중급 문제

유클리드 호제법은 무엇을 구하는 알고리즘일까요?

상급 문제

프로그래밍에서 '보초값'은 무엇을 뜻할까요?

어떤가요? 다시 보니 간결하게 답하기 어려운 문제도 있지 않았나요?
정답과 해설은 아래에 있습니다.

정답

초급 문제 : 연산 절차 또는 문제 해결 절차라고 합니다.

중급 문제 : 최대공약수를 구하는 알고리즘입니다.

상급 문제 : 문자열이나 리스트 등의 끝을 표현하는 데 사용하는 특수한 값의 데이
터입니다.

해설

초급 문제 : 알고리즘(algorithm)의 어원은 수학자의 이름이지만, 문제를 해결하는 방
법이나 절차라는 뜻에 맞게 번역했습니다.

중급 문제 : 최대공약수는 정수 2개의 공통되는 약수 중 최댓값을 말합니다. 유클리드
호제법에서는 기계적인 절차로 최대공약수를 구합니다.

상급 문제 : 문자열 끝을 0으로 나타내거나 리스트 끝을 -1로 나타내며 표식 역할을 하
는 데이터가 보초값입니다. 본문에서는 선형 탐색이라는 알고리즘으로 보
초값을 활용하는 방법을 보여줄 예정입니다.

프로그램은 현실 세계의 업무나 놀이 등을 컴퓨터 상에서 구현하는 것입니다. 이 일을 해내려면 현실 세계의 처리 절차, 즉 처리 흐름을 컴퓨터 상황에 맞춰 프로그램으로 표현해야 합니다. 어떤 목적을 달성하려면 대부분 여러 처리가 필요합니다. 예를 들어 '수치 2개를 가산한 결과를 구한다.'라는 목적을 달성하려면 '첫 번째 수치 입력', '두 번째 수치 입력', '수치 가산', '결과 표시'라는 네 절차를 밟아야 합니다. 이 같은 처리 절차를 알고리즘이라고 부릅니다.

알고리즘에는 프로그램 전체의 큰 흐름을 나타내는 것, 프로그램 부분의 작은 흐름을 나타내는 것이 있습니다. 큰 흐름은 제4장에서 설명했습니다. 이번 제5장의 주제는 작은 흐름을 보여주는 알고리즘입니다.

■ 알고리즘은 프로그래밍의 '관용구'

프로그래밍 언어를 배우는 것은 외국어를 배우는 것과 비슷합니다. 내가 생각한 것을 상대에게 잘 전달하는 데 필요한 지식은 단어나 문법만으로 부족합니다. 대화에서 자주 쓰는 관용구를 알면 더 능숙한 대화를 할 수 있죠. 이건 C 언어, Java, Python 등의 프로그래밍 언어에서도 같습니다. 키워드나 구문을 익힌다고 컴퓨터와 대화를 잘할 수 있는 건 아니지만, 알고리즘을 알면 전달을 잘할 수 있죠. 알고리즘은 프로그래밍의 관용구에 해당하기 때문입니다.

여러분은 알고리즘에 대해 '매우 어려운 것' 또는 '나와는 인연이 먼 것'이라는 인상이 있지는 않나요? 확실히 쉽게 이해할 수 없을 만큼 어려운 알고리즘도 있긴 합니다. 단, 똑똑한 학자가 생각해 냈을 법한 알고리즘을 모두 익혀야만 프로그램을 만들 수 있는 건 아닙니다. 간단한 알고리즘도 있습니다. 여러분 자신이

오리지널 알고리즘을 생각해 보는 것도 좋고요.

현실 세계의 절차와 컴퓨터의 작동 방식을 이해하면 확실하게 알고리즘을 생각해 볼 수 있습니다. 알고리즘을 생각하는 것은 아주 즐거운 일이기도 합니다. 차근차근 알고리즘을 생각하는 포인트를 설명해 보겠습니다. 이번 기회에 꼭 알고리즘과 친해져 알고리즘을 생각하는 즐거움을 알게 되길 바랍니다.

■ 포인트 1 : 문제를 푸는 절차가 명확하고 횟수에 제한이 있다

다시 알고리즘이란 무엇인지를 설명해 보겠습니다. 알고리즘을 사전에서 찾아보면 '어떤 문제 해결을 위해 입력된 자료를 토대로 원하는 출력을 유도하는 규칙의 집합'이라고 정의돼 있습니다. 막연해서 잘 이해가 안 되죠?

JIS(일본산업규격)를 보면 알고리즘의 정의가 '명확하게 정의된 유한한 개수의 규칙이 모여 제한된 횟수 안에서 문제를 해결하는 것'입니다. 예를 들어 'sin x를 정해진 정밀도로 구하는 산술적인 절차를 빠짐없이 기술한 문장'이라고 적혀 있습니다. 이 정의는 딱딱하게 표현돼 있지만 알고리즘이 왜 존재하는지를 적절하게 보여줍니다.

쉽게 이야기하면 알고리즘이란 '문제를 푸는 절차를 빠짐없이 문서나 그림으로 나타낸 것'을 말합니다. 이 문서나 그림을 프로그래밍 언어로 치환해 기술하면 프로그램이 됩니다. 더 나아가 '절차가 명확하고 횟수가 유한해야 한다.'라는 조건이 있다는 점에 주목해야 합니다.

여기서부터는 구체적인 예를 들어보겠습니다. 먼저 12와 42의 최대공약수를 구하는 문제를 푸는 알고리즘을 생각해 봅시다. 최대공약수란 정수 2개에 공통된 약수(딱 나눠떨어지는 수) 중에서 가장 큰 값을 말합니다. 최대공약수를 구하는 방법은 중학교 수학 시간에 배웠을 겁니다. 정수 2개를 나란히 쓰고, 그 둘을 나누는 숫자를 고르면 됩니다. 그 숫자들을 곱한 것이 바로 최대공약수입니다.(그림

절차 1 : 12와 42는 2로 나눔
절차 2 : 6과 21은 3으로 나눔
절차 3 : 2와 7을 나눌 숫자가 없음
절차 4 : 2×3=6이 최대공약수임

그림 5.1 중학교 때 배운 최대공약수 구하는 방법

5.1) 6이라는 최대공약수를 구했습니다. 답은 맞았네요.

그럼, 이 절차를 알고리즘이라고 부를 수 있을까요? 아뇨, 그럴 수 없습니다. 절차가 명확하지 않기 때문이에요. 그림 5.1의 절차 1에서 12와 42가 '2로 나눠진다는 것'과 절차 2에서 6과 21이 '3으로 나눠진다는 것'을 어떻게 알 수 있을까요? 이 절차에서는 나누는 숫자를 찾는 방법을 알 수가 없습니다. 절차 3에서 2와 7을 나누는 숫자가 없다는 것도 어떻게 알 수 있나요? 절차를 끝낼(즉 유한한 횟수로 함) 이유가 명확하지 않습니다. 단지 인간의 (수학적) '감'으로 판단한 것입니다. 문제를 푸는 절차에 감이 끼어들면 알고리즘이 아닙니다. 알고리즘이 아니니 프로그램으로 나타낼 수도 없죠.

■ 포인트 2 : 감에 의존하지 않고 기계적으로 문제를 풀 수 있다

컴퓨터는 스스로 생각할 수 있는 존재가 아닙니다. 따라서 컴퓨터에 부여하는 프로그램 알고리즘은 기계적인 절차여야 합니다. 기계적인 절차란 감에 의존하지 않고 절차대로 하면 반드시 할 수 있다는 뜻입니다. 많은 학자와 선배 프로그래머들은 인간의 감에 의존한 절차가 아니라 기계적으로 문제를 푸는 절차를 수없이 많이 고안해 냈습니다. 이것들은 '정석 알고리즘'이라는 이름으로 불러야겠죠. 최대공약수를 구하는 문제를 기계적으로 푸는 알고리즘으로는 '유클리드 호제법'이 있습니다.

```
12   42    절차 1 : 42-12=30을 42 아래에 쓰기
 ↓    ↓              (큰 쪽에서 작은 쪽을 빼고, 큰 쪽 아래에 쓰기)
12   30    절차 2 : 30-12=18을 30 아래에 쓰기
 ↓    ↓              (큰 쪽에서 작은 쪽을 빼고, 큰 쪽 아래에 쓰기)
12   18    절차 3 : 18-12=6을 18 아래에 쓰기
 ↓    ↓              (큰 쪽에서 작은 쪽을 빼고, 큰 쪽 아래에 쓰기)
12    6    절차 4 : 12-6=6을 12 아래에 쓰기
 ↓    ↓              (큰 쪽에서 작은 쪽을 빼고, 큰 쪽 아래에 쓰기)
 6    6    절차 5 : 숫자 2개가 똑같은 값이 되면 이것이 최대공약수
```

그림 5.2 유클리드 호제법으로 최대공약수를 구하는 방법

List 5.1 12와 42의 최대공약수를 구하는 프로그램

```
a = 12
b = 42
while a != b:
    if a > b:
        a -= b
    else:
        b -= a
print(f"최대공약수는 {a}입니다.")
```

유클리드 호제법에는 나눗셈을 사용하는 방법과 빼기를 사용하는 방법이 있는데, 알기 쉽게 빼기를 사용한 방법을 그림 5.2에 정리해 보겠습니다. 숫자 2개 중큰 쪽에서 작은 쪽을 빼는 과정을(절차) 두 수의 값이 똑같아질 때까지 반복합니다.(절차의 끝) 최종적으로 똑같은 숫자가 되면 이것이 최대공약수입니다. 명확한절차라는 점, 감에 의존하지 않은 기계적인 절차라는 점, 절차를 끝내는 이유가명확하다는 점에 주목하세요.

유클리드 호제법을 사용해 12와 42의 최대공약수를 구하는 프로그램은 List

최대공약수는 6입니다.

그림 5.3 List 5.1의 실행 결과

5.1과 같습니다. 제5장에 나오는 프로그램은 모두 Python이라는 프로그래밍 언어로 기술합니다. List 5.1의 실행 결과는 그림 5.3입니다. 여기서는 프로그램의 내용을 몰라도 괜찮습니다. 알고리즘으로 완성한 것은 고스란히 프로그램으로 표현할 수 있다는 점에 주목하세요.

■ 포인트 3 : 정석 알고리즘을 알고 응용한다

프로그래밍을 하는 사람에게 '알고리즘 사전' 같은 책을 구해두는 것을 추천합니다. 신입 사원이 비즈니스 문서를 작성하려고 '문서 문례 사전'을 사는 것과 같습니다. 알고리즘은 여러분 본인이 생각해야 하지만, 어떻게 생각해야 할지 모르는 문제를 만난다면 기존에 고안된 알고리즘을 찾아보고 이용하면 됩니다.

필자가 프로그래머의 소양으로 최소한 알고 있어야 한다고 생각하는 정석 알고리즘을 표 5.1에 정리했습니다. 아까 소개한 최대공약수를 구하는 알고리즘 '유클리드 호제법', 소수를 구하는 알고리즘 '에라토스테네스의 체'(나중에 소개함), 데이터를 검색하는 알고리즘 3가지, 데이터를 정렬하는 알고리즘 2가지입니다. 이 정석 알고리즘들을 익히는 건 매우 훌륭한 일이지만, 알고리즘은 스스로 생각해야 한다는 마음을 절대 잊지 말고 가슴에 잘 새겨두길 바랍니다.

독자 여러분에게 부탁하고 싶은 것이 있습니다. 지금 여기서 12와 42의 최소공배수를 구하는 문제를 푸는 알고리즘을 생각해 보세요. 최소공배수란 2개의 정수에 공통된 배수(몇 배로 늘린 수) 중에서 가장 작은 값입니다.

표 5.1 주요 정석 알고리즘

명칭	용도
유클리드의 호제법	최대공약수를 구함
에라토스테네스의 체	소수를 구함
선형 탐색	데이터를 검색함
이진 탐색	데이터를 검색함
해시 테이블 검색법	데이터를 검색함
버블 정렬	데이터를 정렬함
퀵 정렬	데이터를 정렬함

최소공배수를 구하는 방법도 중학교 수학 시간에 배웠을 테지만, 그 절차는 아쉽게도 인간의 감에 의존한 것입니다. 컴퓨터에 쓸 기계적인 알고리즘을 생각해 보세요. 여러분은 '어차피 ○○의 △△법 같은 정석 알고리즘이 있겠지.'라고 생각하며 스스로 생각하는 것을 망설이고 있을지도 모릅니다.

알고리즘 사전 같은 서적을 뒤적거려봐야 최소공배수를 구하는 정석 알고리즘은 없습니다. 왜냐하면 최소공배수는 '정수 2개를 곱한 결과÷정수 2개의 최대공약수'로 구할 수 있기 때문입니다. 12와 42의 최소공배수는 $12 \times 42 \div 6 = 84$입니다. 이처럼 간단한 건 정석 알고리즘에 없어요. 먼저 알고리즘을 스스로 생각하고, 정석 알고리즘을 응용하는 것이 중요합니다.

■ 포인트 4 : 컴퓨터의 처리 속도를 이용한다

이번에는 91이 소수인지 아닌지 판정하는 문제를 푸는 알고리즘을 생각해 볼까요? 소수를 구하는 정석 알고리즘에는 '에라토스테네스의 체'라고 불리는 것이 있습니다. 이 알고리즘이 왜 있는지 알아보기 전에, 여러분이 수학 시험에서 똑같은 문제를 만났을 때 어떻게 정답을 맞히면 될지 생각해 봅시다.

'91보다 작은 모든 숫자로 나눠보고, 딱 떨어지는 수가 없으면 소수다. 하지만 이런 번거로운 절차라도 괜찮을까?'라고 생각할 겁니다. 사실 그렇기에 정답입니다. 특정한 수의 범위에 있는 소수를 추출하기 위한 알고리즘이지만, 판정하고 싶은 수보다 작은 모든 수로 나눠본다는 발상이 기본적인 사고입니다. 91이 소수인지 아닌지 판정하려면 2~90으로 나눠보면 됩니다. (1과 91로는 당연히 나뉠 테니 2~90으로 나눠봅니다.) 이 절차를 프로그램으로 나타내면 List 5.2와 같습니다. %는 빼기를 하고 남은 숫자를 구하는 연산자입니다. 남은 게 0이라면 다 나눈 셈이 되고, 소수가 아니라는 사실을 알게 됩니다. 실행 결과는 그림 5.4입니다.

아무리 길고 귀찮은 절차라 하더라도 명확하고 기계적이라면 훌륭한 알고리즘입니다. 여러분은 알고리즘을 프로그램으로 나타내 컴퓨터에서 실행하면 됩니다. 컴퓨터는 놀랄 만큼 빠른 속도로 처리를 마무리하죠. 91이 소수인지 아닌지 판정하기 위해 2~90, 즉 89개의 숫자로 나누는 처리를 순식간에 끝내버립니다. 컴퓨터의 처리 속도를 이용할 수 있다는 것을 염두에 두고 알고리즘을 생각해 봐도 됩니다.

List 5.2 소수인지 아닌지 판정하는 프로그램

```
a = 91
ans = "소수입니다."
n = 2
n_max = a - 1
while n <= n_max:
    if a % n == 0:
        ans= "소수가 아닙니다."
        break
    n += 1

print(f"{a}은 {ans}")
```

```
91은 소수가 아닙니다
```

그림 5.4 List 5.2의 실행 결과

컴퓨터의 빠른 처리 속도를 이용하는 또 하나의 예로 연립방정식을 풀어보도록 하겠습니다. 문제는 "학과 거북이가 다 합쳐 10마리 있습니다. 다리 수의 합계는 32개입니다. 학과 거북이는 각각 몇 마리 있을까요?"라는 학귀산입니다. 학의 숫자를 x, 거북이의 숫자를 y라고 하면 아래의 연립방정식이 세워집니다.

$$\begin{cases} x+y=10 & \text{학과 거북이의 합계는 10마리} \\ 2x+4y=32 & \text{다리 수의 합계는 32개} \end{cases}$$

학과 거북이의 수는 0~10 사이에 있기 때문에 x와 y에 0에서 10까지의 값을 하나씩 대입해 보고, 두 방정식의 등호가 성립하는 값을 찾으면 답을 구할 수 있습니다. 총 121개의 조합이라 수작업으로는 하지 못할 번거로운 절차지만, 컴퓨터의 빠른 처리 속도를 이용하면 순식간에 답을 구할 수 있습니다.(List 5.3, 그림 5.5)

List 5.3 학귀산을 푸는 프로그램

```python
max_value = 10
x = 0
while x <= max_value:
    y = 0
    while y <= max_value:
        if (x + y == 10) and (2 * x + 4 * y == 32):
            print(f"학={x}, 거북이={y}")
            break
        y += 1
    if y <= max_value:
        break
    x += 1
```

학=4, 거북이=6

그림 5.5 List 5.3의 실행 결과

■ 포인트 5 : 스피드업을 목표로 연구한다

한 문제를 푸는 알고리즘은 한 가지만 있는 게 아닙니다. 한 문제를 푸는 데 여러 알고리즘이 고안됐다면, 프로그램으로 실행했을 때 처리 시간이 짧은 쪽이 좋은 알고리즘이라고 할 수 있습니다. 컴퓨터는 처리 속도가 놀라울 정도로 빠르지만, 큰 수치나 방대한 수의 데이터를 취급하면 시간이 좀 걸립니다. 예를 들어 81이 소수인지 아닌지 판정하는 처리는 눈 깜짝할 새 끝나지만, 99999997의 소수여부를 판정한다면 필자의 PC로 165초나 걸리죠. (참고로 99999997은 소수)

알고리즘을 조금만 더 연구하면 처리 시간을 대폭 단축할 수 있습니다. 소수 판정을 할 때는 '판정하고 싶은 수보다 작은 모든 숫자로 나누는' 절차를 떠올려 '판정하고 싶은 숫자의 1/2보다 작은 모든 숫자로 나누는 작업을' 실행하면 됩니다. 더 고민해 '판정하고 싶은 숫자의 제곱근(소수점 이하 커트) 이하의 모든 숫자로 나누는 작업을' 실행하면 처리 시간을 대폭 단축할 수 있습니다.[1]

알고리즘 연구의 유명한 예로 '보초값'이라는 게 있습니다. 보초값이란 표식 역할을 하는 데이터를 말하는데, 여러 데이터 중에서 목적인 데이터를 찾아내는 '선형 탐색'이라는 알고리즘으로 이용됩니다. 여러 데이터를 맨 앞부터 끝까지 하나씩 순서대로 확인해서 원하는 데이터를 찾아내는 게 선형 탐색의 기본적인 절차입니다.

선형 탐색의 예를 들어보죠. 상자 100개가 나열돼 있고, 각 상자 안에 특정한 수치를 적은 종이가 들어 있다고 칩시다. 상자에는 1~100의 번호가 붙어 있습니다. 상자 100개 안에 원하는 수치가 적힌 종이가 있는지 없는지를 찾습니다.

먼저 보초값을 사용하지 않는 경우를 봅시다. 맨 앞에서 순서대로 상자 안을 확인합니다. 상자 하나의 내부를 다 확인했으면 상자 번호(변수 N)를 확인하고, 또 끝을 넘어가지 않았다는 것을 확인합니다. 이 절차를 순서도로 나타내면 그림 5.6처럼 되는 거죠.

그림 5.6의 절차는 아무런 문제가 없는 것 같지만, 실은 쓸데없는 처리가 포함돼 있습니다. 그건 바로 상자 번호가 100이 됐는지 아닌지를 매번 확인하는 일입니다.

이 쓸데없는 처리를 배제하려면, 새롭게 101번째 상자를 추가해 그 안에 찾고 있는 수치와 같은 값을 적은 종이를 넣어둡니다. 이런 데이터를 '보초값'이라고

---

1 판정하고 싶은 숫자를 나누는 숫자가 있다면 '판정하고 싶은 수=A×B'와 같이 판정하고 싶은 숫자를 두 숫자의 곱셈으로 나타낼 수 있습니다. 이 안에서 A에 해당하는 숫자를 2, 3, 4… 이렇게 순서대로 찾아 나가면, 판정하고 싶은 숫자의 제곱근까지 찾아야 나중에 발견할 수 있습니다. 왜냐하면 '판정하고 싶은 숫자=판정하고 싶은 숫자의 제곱근×판정하고 싶은 숫자의 제곱근'이기 때문입니다.

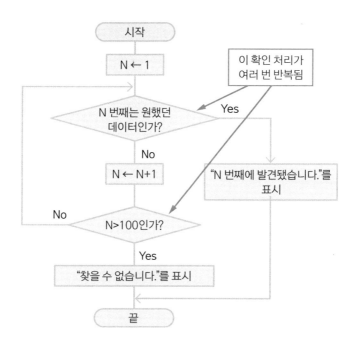

그림 5.6 보초값을 사용하지 않은 순서도

부릅니다. 보초값을 놓아두면 원하는 데이터를 반드시 찾을 수 있습니다. 데이터를 찾았을 때 상자 번호가 101 미만이라면 실제 데이터를 찾은 것이죠. 상자 번호가 101이라면 보초값을 찾은 것이고, 실제 데이터는 찾지 못한 겁니다. 보초값을 사용한 순서도는 그림 5.7과 같습니다. 여러 번 반복되는 확인 처리가 'N 번째는 원하는 데이터인가?'로 단순해지고 프로그램 실행 시간이 대폭 단축되죠.

필자는 처음 보초값의 역할을 알았을 때 이렇게 재미있는 게 있다는 사실에 놀랐고, 크게 감동했습니다. 뭐가 재밌다는 건지 모르겠다는 분들을 위해 보초값의 이미지를 전달할 수 있는 비유를 들어볼게요.

깜깜한 밤에 해안 절벽 위에서 위험한 게임을 해보겠습니다. (절대 따라 하면 안 됩니다.) 여러분이 서 있는 곳에서 언덕까지 거리는 100m입니다. 1m 간격으로

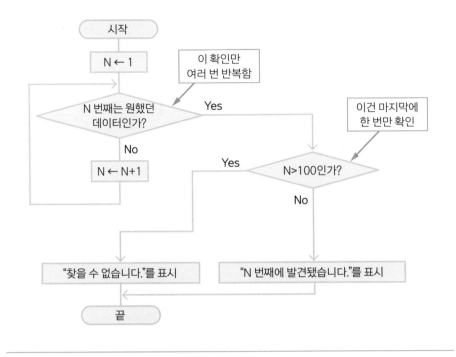

그림 5.7 보초값을 사용한 경우의 순서도

다양한 물건이 놓여 있습니다. 그중 사과가 있는지 없는지 찾아보세요.

여러분은 1m를 갈 때마다 물건을 주워 사과인지를 확인합니다. 그와 동시에 절벽에 도착했는지 어떤지 확인합니다. (확인하지 않으면 바다에 빠져버립니다.) 이 확인 작업을 여러 번 반복하는 거죠.

보초값을 사용한다면, 시작 위치를 언덕에서 101m 거리로 잡고, 도중에 사과를 놓을지 말지와는 상관없이 절벽 바로 앞에 반드시 사과를 둡니다.(그림 5.8) 이 사과가 바로 보초값입니다. 보초값을 놓으면 여러분은 반드시 사과를 찾을 수 있죠.

1m를 갈 때마다 확인하면 해당 물건이 사과인지 아닌지 살펴보다가 끝납니다. 사과를 발견하면 그 시점에서 한 번만 한 발짝 앞을 확인해 보세요. 아직 절벽에

그림 5.8 보초값을 사용한 경우의 게임

도착하지 않았다면 원하는 사과를 찾은 겁니다. 절벽에 도착한 경우라면 현재 손에 든 사과가 보초값이고, 원했던 사과는 찾지 못한 셈이 됩니다.

■ 포인트 6 : 수치의 법칙성을 찾아낸다

컴퓨터는 다양한 정보를 수치로 나타냅니다. 따라서 수치 안에 있는 법칙성을 알고리즘으로 이용하는 경우가 많아요. 예를 들어 가위바위보 승부를 판정하는 알고리즘을 생각해 볼까요? 바위, 가위, 보를 0, 1, 2라는 숫자로 나타내 보겠습니다. A 씨가 낸 손을 나타내는 변수 A와 B 씨가 낸 손을 나타내는 변수 B에 몇 개의 수치가 들어가 있다고 치고, A와 B의 승패를 판정합니다.

아무런 고민도 하지 않은 알고리즘에서는 표 5.2와 같은 3×3=9의 조합을 생각해 승패를 판정할 테죠. 이것을 프로그램으로 나타내면 List 5.4와 같이 나옵니다.

표 5.2 가위바위보의 승패 판정표

A의 값	B의 값	판정
0(바위)	0(바위)	무승부
0(바위)	1(가위)	A의 승리
0(바위)	2(보)	B의 승리
1(가위)	0(바위)	B의 승리
1(가위)	1(가위)	무승부
1(가위)	2(보)	A의 승리
2(보)	0(바위)	A의 승리
2(보)	1(가위)	B의 승리
2(보)	2(보)	무승부

List 5.4 가위바위보 승패를 판정하는 프로그램(1)

```python
if a == 0 and b == 0:
    print("무승부")
elif a ==0 and b == 1:
    print("A의 승리")
elif a == 0 and b == 2:
    print("B의 승리")
elif a == 1 and b == 0:
    print("B의 승리")
elif a == 1 and b == 1:
    print("무승부")
elif a == 1 and b == 2:
    print("A의 승리")
elif a == 2 and b == 0:
    print("A의 승리")
elif a == 2 and b == 1:
    print("B의 승리")
elif a== 2 and b == 2:
    print("무승부")
```

길고 번거로운 처리임을 알 수 있습니다. (List 5.4와 List 5.5는 프로그램의 일부이기 때문에 이대로는 실행하지 못합니다.)

이곳에서 한 가지를 고안해 보도록 하죠. 표 5.2를 잘 보고 A의 승리, B의 승리, 무승부 이 세 결과를 간단하게 판정하는 법칙성을 찾아보세요. 좀 익숙해야 보일지도 모르겠지만, 아래와 같은 법칙성을 발견할 수 있습니다.

· A와 B가 같으면 '무승부'

· B-1을 3으로 나눈 값의 나머지가 A와 같으면 'A의 승리'

· 그 이외는 'B의 승리'

이 법칙성을 프로그램으로 나타내면 List 5.5와 같은 내용이 나옵니다. List 5.4에 비해 놀랄 만큼 처리가 짧고 단순해졌죠. 물론 프로그램의 실행 속도도 빨라지고요.

가위바위보 같은 게임 애플리케이션에서만 알고리즘으로 수치의 법칙성을 찾아내야 하는 건 아닙니다. 예를 들어 급여를 계산하는 업무 애플리케이션을 작성할 경우, 급여를 계산하는 규칙이 수치의 법칙성이라고 할 수 있습니다. '급여=기본급+야근수당+통근수당-원천징수세'라는 규칙을 발견하면 문제를 푸는 절차가 명확하고, 횟수가 유한하기에 훌륭한 알고리즘이죠.

List 5.5 가위바위보 승패를 판정하는 프로그램(2)

```python
if a == b:
    print("무승부")
elif (b - 1) % 3 == a:
    print ("A의 승리")
else:
    print("B의 승리")
```

■ 포인트 7 : 지면에서 절차를 생각한다

마지막으로 가장 중요한 포인트를 설명하겠습니다. 바로 '알고리즘을 생각할 때, 냅다 프로그램을 작성하지 말고, 먼저 종이에 글자나 그림으로 절차를 작성해 봐야 한다는 것'입니다.

순서도는 알고리즘을 도식화하는 데 편리한 수단이니 많이 활용하세요. 순서도가 아니라, 문서로 절차를 기술하는 것도 괜찮습니다. 어쨌든 종이에 쓰는 것이 중요합니다.

지면상에서 알고리즘을 완성하면, 구체적인 데이터를 사용해 처리의 흐름을 쫓아 올바른 답을 얻을 수 있는지 확인하세요. 이 경우에는 암산으로도 올바른 결과가 나오는 단순한 데이터를 쓰는 게 좋겠죠. 예를 들어 유클리드 호제법 처리의 흐름을 확인할 경우, 중학교 때 배운 절차로도 최대공약수를 구할 수 있는 2자리 정도의 데이터를 사용하는 겁니다. 만약 123456789나 987654321 같은 큰 수치를 사용하면 처리의 흐름을 쫓기 힘들 테니까요.

그 옛날, 프로그래머를 목표로 하는 사람이라면 꼭 읽어야 한다고 전해지던 저명한 책이 있었습니다. 바로 《알고리즘＋자료구조＝프로그램》(니클라우스 에밀 비르트 지음)이라는 제목의 책입니다.

이 책을 웹 사이트에서 찾아보면 '알고리즘과 자료구조'를 제목으로 내건 서적이 엄청나게 많이 나왔는데, 수십 권이 히트했어요. 이 책들의 제목에서 보듯, 사실 알고리즘만 아는 정도로는 프로그래밍 지식이 충분하다고 할 수 없습니다. 알고리즘과 함께 자료구조를 생각해야 합니다. 제6장에서는 자료구조를 설명하겠습니다.

제6장

자료구조와 사이좋게 지낼 수 있는 7가지 포인트

워밍업

본문을 읽기 전, 워밍업으로 아래 퀴즈에 도전해 보세요.

퀴즈

초급 문제

프로그래밍에서 변수란 무엇일까요?

중급 문제

여러 자료가 직선적으로 나열된 자료구조를 뭐라고 부를까요?

상급 문제

스택과 큐의 차이는 무엇일까요?

어떤가요? 다시 보니 간결하게 답하기 어려운 문제도 있지 않았나요?
정답과 해설은 아래에 있습니다.

정답

초급 문제 : 변수는 데이터의 그릇입니다.

중급 문제 : '배열'이라고 부릅니다.

상급 문제 : 스택은 LIFO 형식이고 큐는 FIFO 형식입니다.

해설

초급 문제 : 변수는 데이터의 그릇이며, 그 안에 저장된 수치를 변경할 수 있습니다. 변
수의 실체는 변수의 크기만큼 확보된 메모리 영역입니다.

중급 문제 : 배열을 사용하면 대량의 데이터를 효율적으로 처리할 수 있습니다. 배열의
실체는 특정 크기의 메모리 영역을 연속적으로 확보한 것입니다.

상급 문제 : LIFO=Last In First Out(후입선출), FIFO=First In First Out(선입선출)이
라는 뜻입니다. 스택과 큐의 시스템은 본문에서 자세히 설명하겠습니다.

프로그램은 현실 세계의 업무나 놀이 등을 컴퓨터 상에서 실현한 것입니다. 따라서 현실 세계의 처리 절차를 컴퓨터 특성에 맞게 프로그램으로 표현해야 합니다. 이런 이유로 제5장에서는 알고리즘을 설명했습니다. 이번 제6장의 주제는 자료구조입니다. 현실 세계의 자료구조를 컴퓨터의 작동 방식과 특성에 맞춰 프로그램으로 표현하는 겁니다.

　　프로그램을 작성하는 사람은 알고리즘(처리 절차)과 자료구조(처리 대상인 데이터의 배치 방법) 두 가지를 함께 생각해야 합니다. 알고리즘과 맞는 자료구조, 자료구조에 맞는 알고리즘이 필요하기 때문이죠. 이제부터 자료구조의 기본, 기억해 둬야 할 정석 자료구조, 정석 자료구조를 프로그램으로 표현하는 방법을 순서대로 설명하겠습니다. 샘플 프로그램은 알고리즘과 자료구조를 익히는 데 적절한 C 언어로 기술할 예정입니다. C 언어를 모르는 분들도 이해할 수 있게 설명할 생각이니 걱정하지 않아도 됩니다. 또 쉽게 이해할 수 있도록 프로그램은 일부만 보여드리고 에러 처리 등은 생략했으니 양해 바랍니다.

■ 포인트 1 : 메모리와 변수의 관계를 이해한다

컴퓨터가 다루는 데이터는 메모리라고 부르는 IC 안에 기억됩니다. 일반적인 PC는 메모리 내부가 8비트(=1바이트)마다 데이터 저장 영역으로 나뉘어 있고, 각각의 영역을 구별하는 번호가 붙어 있습니다.[1] 이 번호를 '주소' 또는 '주소값' 이라고 부릅니다. 예를 들어 PC 메모리가 4GB짜리라면, 주소는 0~4G(G=10억)

---

[1]　제2장과 제3장에서 언급한 COMET II는 메모리 내부가 10비트마다 나뉘어 있지만, 일반적인 PC는 8비트로 나뉘어 있습니다.

```
char a;        / * 변수를 선언 * /
a = 123;       / * 변수에 데이터를 저장 * /
```

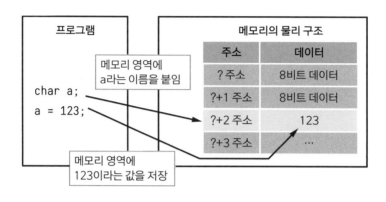

그림 6.1 메모리의 물리 구조와 프로그램의 관계

까지 있습니다.

주소를 지정해 프로그래밍하는 것은 번거롭기에 C 언어, Java, Python 같은 대부분의 프로그래밍 언어에서는 변수를 사용해 메모리에 데이터를 저장하거나 메모리에서 데이터를 읽어 들입니다.

List 6.1은 변수 a에 123이라는 데이터를 저장하는 C 언어 프로그램입니다. C 언어의 주석은 /*과 */로 감싸 표현합니다. 이때 주석은 프로그래밍 내용을 메모한 것입니다.

'변수를 선언'이라는 주석이 적힌 char a;의 부분을 확인해 볼까요? char는 C 언어의 데이터형으로, 1바이트의 변수[2]를 할당함을 의미합니다. 이 행에서 메모리 영역을 확보해 그곳에 a라는 이름을 붙입니다.

---

2 char형은 character(문자)라는 뜻으로, 주로 문자를 저장하는 형태지만 문자 외의 데이터도 사용할 수 있습니다.

프로그래머는 변수 a가 어느 주소의 메모리 영역이 되는지를 의식할 필요가 없습니다. 프로그램을 실행할 때 OS가 그때까지 사용하지 않았던 메모리 영역의 일부를 변수 a를 위해 할당해 주기 때문입니다. 이같이 변수 하나가 프로그램 속 데이터의 최소 단위이며, 그것이 물리적인 메모리 영역에 대응합니다.(그림 6.1)

자료구조가 뭔지 전혀 모르는 분이라면 단독으로 선언된 변수 몇 개를 나란히 적어 프로그램을 작성할 테죠. 그렇게 해서 목적대로 프로그램이 작동한다면 문제없습니다. 하지만 여러 데이터를 정렬하는 알고리즘을 실현하는 프로그램에서는 조금 문제가 생깁니다.

List 6.2는 데이터 셋을 a, b, c라는 변수 3개에 저장해 그 값들을 a, b, c 내림순으로(숫자가 큰 순서) 정렬하는 프로그램입니다. 데이터를 정렬하려고 tmp라는 변수도 이용했습니다. 또 if문에서 변수 각각의 크기를 비교해 값을 교체했습니다.

List 6.2 변수 3개에 저장된 데이터를 내림순으로 정렬하는 프로그램

```
/ * 변수를 선언 * /
char a, b, c, tmp;

/ * 변수에 데이터를 저장 * /
a = 123;
b = 124;
c = 125;

/ * 내림순으로 정렬 * /
if (b > a){
    tmp = b;
    b = a;
    a = tmp;
}
```

```
if (c > a) {
    tmp = c;
    c = a;
    a = tmp;
}

if (c > b){
    tmp = c;
    c = b;
    b = tmp;
}
```

List 6.2는 문제없이 작동하지만, 처리 절차(알고리즘)가 너저분합니다. 만약 데이터 수가 1,000개였다면 1,000개의 변수를 선언했을 테죠. 데이터 크기를 비교하는 if문은 아마 수십만 정도가 필요할 겁니다. 그런 번거로운 프로그램을 작성하고 싶은 사람은 없겠죠. 다시 말해 원하는 알고리즘을 프로그램에서 실현하려면 단독 변수 하나로는 어려울 수 있다는 겁니다.

■ 포인트 2 : 자료구조의 기본인 배열을 이해한다

실용적인 프로그램에서는 데이터를 대량으로 다루는 일이 많습니다. 예를 들어 직원 1,000명의 급여를 계산하는 프로그램이라면, 변수 1,000개를 선언해 사용하는 것이 아니라 '배열'을 사용합니다. 배열로 변수 여러 개를 동시에 선언하면, 프로그램을 효율적으로 작성할 수 있습니다.

아까 예를 들었듯이 변수 a, b, c를 선언할 때, 요소 개수(자료 수) 3개의 배열을 하나 선언하면 치환됩니다. C 언어의 프로그램에서는 배열 이름과 요소 개수를 지정해 배열을 선언해 사용합니다.(List 6.3)

배열은 데이터 여러 개를 저장하는 메모리 영역을 한꺼번에 확보하고, 메모리 전체에 이름을 붙인 것입니다. List 6.3에서는 데이터 3개분의 메모리 영역을 확보하고, x라는 이름을 붙였습니다.

List 6.3 요소 개수가 3개인 배열을 사용하는 프로그램

```
char x[3]; /* 배열을 선언 */
x[0] = 123; /* 배열의 0번째 요소에 데이터를 저장 */
x[1] = 124; /* 배열의 1번째 요소에 데이터를 저장 */
x[2] = 125; /* 배열의 2번째 요소에 데이터를 저장 */
```

배열에 있는 각각의 메모리 영역은 [ ] 안에 지정된 번호(인덱스나 서브 스크립트라고 부름)로 개별 취급합니다.

```
char x[3];
```

이 행에서 배열 전체의 메모리 영역을 확보하면, 각각의 메모리 영역을 x[0], x[1], x[2]로 지정해 읽고 쓸 수 있습니다. 결과적으로 변수 x[0], x[1], x[2]를 선언하게 됐는데, 단독 변수 a, b, c를 사용하기보다 배열을 이용해 알고리즘을 실현하는 프로그램을 기술하는 편이 더 효율적입니다. 구체적인 예를 들어보죠.

배열은 자료구조의 기본이라고 할 수 있습니다. 왜냐하면 배열이 메모리의 물리 구조 그 자체이기 때문입니다. 메모리에는 데이터를 저장하는 영역이 연속적으로 나열돼 있습니다. 프로그램은 메모리 전체에서 필요한 영역을 확보해 사용합니다. 이것을 프로그램 구문으로 표현하면 배열이 됩니다.(그림 6.2)

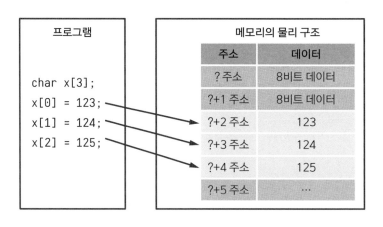

그림 6.2 배열은 메모리의 물리 구조 그 자체

■ 포인트 3 : 정석 알고리즘으로 배열 사용법을 이해한다

자료구조의 기본인 배열을 사용하면 데이터를 대량으로 처리하는 다양한 알고리즘을 프로그램에서 실현할 수 있습니다. List 6.4는 제5장에서 소개한 '선형 탐색'이라는 정석 알고리즘을 사용해 배열 x에 저장된 데이터 1,000개 중에서 777이라는 데이터를 찾아내는(탐색하는) 프로그램입니다. 여기서 '보초값'은 사용하지 않았습니다.

C 언어로는 배열 요소를 맨 앞에서 끝까지 연속적으로 처리하기 위해 for문을 사용합니다. for문은 반복 처리를 하는 기능을 제공합니다. 배열이란 변수 i를 따로 선언해 for문 뒤의 괄호 안에 변수 i를 0~999까지(1,000 미만까지) 1개씩 증가시키는 처리를 기술하는 것입니다. 이것은 다음과 같습니다.

```
for (i = 0; i < 1000; i++) {
```

C 언어에서는 { }로 감싸 프로그램의 블록(의미 있는 집합체)을 표현합니다. 이

때문에 for문의 블록 안에 기술된 777을 찾아내는 if문의 블록 처리가 변수 i 값의 증가와 함께 최대 1,000번 반복됩니다. 777을 발견했을 경우, 그 시점에서 반복이 종료됩니다. break는 반복을 중단하는 명령입니다.

List 6.4 선형 탐색으로 데이터를 발견하는 프로그램

```
for (i = 0; i < 1000; i++) {
    if (x[i] == 777) {
        printf("%d번째에 발견했습니다! \n", i);
        break;
    }
}
```

이 배열이 편리한 점은 루프 계수기의 값과 배열의 인덱스를 대응시켜 사용할 수 있기 때문입니다.(그림 6.3)

이번에는 '버블 정렬'이라고 불리는 정석 알고리즘을 사용해 배열 안에 저장된 데이터 1,000개를 오름차순(작은 순서)으로 나열해(정렬해) 보죠. 프로그램은 List 6.5와 같습니다. 오름차순의 버블 정렬로는 배열 끝에서 맨 앞까지 붙어 있는 2개 요소의 값을 비교해 작은 쪽이 앞에 오도록 교환하는 것을 반복합니다.

지금까지 나온 프로그램의 흐름을 세세하게 쫓아갈 필요는 없습니다. 배열과 for문으로 선형 탐색과 버블 정렬의 알고리즘을 실현하는 프로그램을 작성할 수 있다는 사실에만 주목하세요. 뒤에 나오는 코드도 대충 보고 이미지를 파악하면 됩니다.

루프 계수기의 값	처리되는 배열의 요소
0	x[0](배열의 맨 앞)
1	x[1]
2	x[2]
…	…
999	x[999](배열의 끝)

777을 발견

그림 6.3 루프 계수기와 배열의 인덱스를 대응한다

List 6.5 버블 정렬로 데이터를 나열하는 프로그램

```
for (i = 0; i < 999; i++) {
    for (j = 999; j > i; j--) {
        if (x[j-1] > x[j]) {
            temp = x[j];
            x[j] = x[j - 1];
            x[j - 1] = temp;
        }
    }
}
```

■ 포인트 4 : 정석 자료구조의 이미지를 파악한다

배열은 물리적인 메모리 구조(컴퓨터의 작동 방식)를 그대로 이용한 자료구조로 가장 기본입니다. for문을 사용하면 배열에 저장한 데이터를 연속적으로 처리할 수 있어, 다양한 알고리즘을 실현할 수 있습니다. 하지만 현실 세계의 자료구조 중에는 단순한 배열로 표현할 수 없는 것도 있습니다. 데이터를 산처럼 쌓거나 데이터를 행렬처럼 나열하거나 데이터의 정렬순을 임의로 변경하거나 데이터 정렬 방식을 2개로 나누는 경우처럼 말이죠. 이 같은 자료구조를 프로그램에서 실현하

려면 배열을 잘 고안해서 사용해야 합니다. 단, 물리적인 메모리 구조까지 변화를 줘야 합니다. 어떻게 하면 될까요?

알고리즘에 정석이라고 부를 만한 것이 있었던 것처럼, 자료구조 중에도 선배 프로그래머들이 고안한 정석이 있습니다.(표 6.1) 이 자료구조는 물리적인 메모리 구조(연속해서 데이터가 나열돼 있는 것)를 프로그램이 물리적으로 바꿔버린 것입니다. 순서대로 설명할 테니 정석 자료구조의 이미지를 파악해 보세요.

스택(stack)이란 '건초를 쌓은 산'이라는 뜻입니다.(그림 6.4) 목장에서는 가축에게 먹일 건초를 지면에 산처럼 쌓습니다.

표 6.1 주요 자료구조

명칭	자료구조의 특징
스택	데이터를 산처럼 쌓음
큐	데이터를 행렬처럼 나열함
리스트	데이터 정렬을 임의로 바꿈
이진 트리	데이터 정렬을 두 갈래로 나눔

그림 6.4 스택의 이미지

산을 만들려면 건초를 아래에서 위로 쌓아 올려야 합니다. 이 건초는 프로그램의 데이터에 해당합니다. 쌓인 데이터는 위에서 순서대로 덜어 가축에게 배급됩니다. 즉 쌓인 순서와는 반대로 쓰는 것이죠. 이걸 LIFO(Last In First Out. 마지막에 저장한 데이터를 맨 처음에 빼냄) 형식이라고 부릅니다. 프로그램의 대상이라고 할 수 있는 현실 세계의 업무에서는 책상 위에 쌓인 서류들을 스택이라고 표현합니다. 곧바로 처리할 수 없으니 일단 스택에 쌓아두는 거죠.

큐(queue)는 '대기열'이라는 뜻입니다. 현실 세계의 대기열로는 역이나 유원지 등의 매표소 창구 앞에 사람들이 줄을 선 것을 예로 들 수 있습니다.(그림 6.5) 스택과는 반대로 맨 처음 줄을 선 사람이 제일 먼저 표를 살 수 있죠. 이걸 FIFO(First In First Out. 맨 처음 저장한 데이터를 맨 처음으로 빼냄)라고 부릅니다. 모든 데이터를 단숨에 처리할 수 없는 경우에는 일단 큐에 나열해 둡니다. 나중에 설명하겠지만, 큐의 자료구조는 배열의 맨 앞과 끝을 이은 바퀴처럼 만들어 실현하는 것이 일반적입니다.

'리스트'의 이미지는 여러 사람이 손을 잡고 나란히 선 상태입니다.(그림 6.6) 손잡은 방식을 바꾸면 사람(데이터)의 정렬순을 변경할 수 있습니다. 손을 놓고,

그림 6.5 큐의 이미지

그림 6.6 리스트의 이미지

그 사이에 새로운 사람이 들어가는 것은 데이터를 삽입하는 것과 같습니다.

'이진 트리'의 이미지는 그 이름에서 볼 수 있듯이 나무입니다. 단, 자연에 있는 나무와는 조금 달라서 뿌리부터 자라난 가지가 반드시 두 갈래로 갈라져 있고, 가지의 분기점에 잎사귀(데이터)가 한 장 있습니다.(그림 6.7) 나중에 알게 되겠지만, 이진 트리는 리스트의 특수한 형태입니다.

그림 6.7 이진 트리의 이미지

■ 포인트 5 : 스택과 큐의 실현 방법을 이해한다

스택과 큐는 곧바로 처리할 수 없는 데이터를 일단 저장해 둔다는 점이 비슷합니다. 굳이 차이가 뭔지 따진다면, 스택은 LIFO 형식이고 큐는 FIFO 형식이라는 거죠. 스택과 큐의 이미지를 이해했으니 이것들을 프로그램의 자료구조로 나타내는 방법을 설명해 볼게요. 같은 배열이더라도 어떻게 고안했느냐에 따라 스택이 되기도 하고 큐가 되기도 합니다.

스택을 실현하려면 먼저 스택의 사이즈(스택에 저장할 수 있는 최대 데이터 수)를 요소 개수로 한 배열과 스택의 가장 위에 저장한 데이터의 인덱스를 표현하는 변수를 선언합니다. 이 변수를 '스택 포인터'라고 부릅니다. 스택의 사이즈는 프로그램의 목적에 따라 임의로 결정합니다. '최대 100개까지 데이터를 쌓을 수 있으면 충분하겠지.'라고 가정한다면, 요소 개수 100개를 배열한다고 선언합니다. 이 배열이 스택의 실체죠. 다음으로 스택에 데이터를 저장하는(push) 함수와 스택에서 데이터를 빼내는(pop) 함수를 작성합니다. 이 함수들 안에는 스택에 저장된 데이터의 수와 스택에 저장된 데이터의 수나 스택 포인터의 값을 업데이트하는 처리를 기술합니다.

List 6.6 배열, 스택 포인터, push 함수와 pop 함수

```
char Stack[100];          / * 스택의 실체인 배열 * /
char StackPointer = 0;    / * 스택 포인터 * /

/ * push 함수 * /
void Push(char Data) {
    / * 스택 포인터가 가리키는 인덱스에 데이터를 저장 * /
    Stack[StackPointer] = Data;
    / * 스택 포인터의 값을 업데이트 * /
    StackPointer++;
}
```

```
/ * pop 함수 * /
char Pop(){
    / * 스택 포인터의 값을 업데이트 * /
    StackPointer--;
    / * 스택 포인터가 가리키는 인덱스에서 데이터를 추출 * /
    return Stack[StackPointer];
}
```

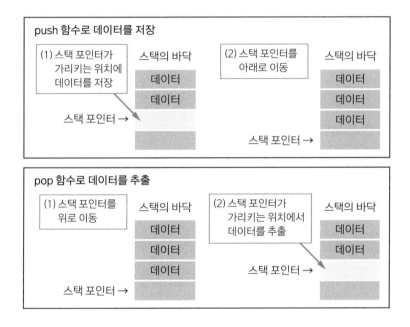

그림 6.8 데이터가 산처럼 쌓인 배열

즉 배열, 스택 포인터 및 push 함수와 pop 함수를 세트로 해서 스택이 실현되
는 겁니다.(List 6.6, 그림 6.8)[3]

3 List 6.6에서는 프로그램을 단순하게 만들기 위해 데이터가 존재하지 않는 것을 확인하고 데이터가 넘쳐나는 것
을 확인하는 과정을 생략했습니다.

List 6.7 배열, 변수 2개, 함수 2개로 큐가 실현된다

```c
char Queue[100];    / * 큐의 실체가 되는 배열 * /
char SetIndex = 0;  / * 쓰는 위치의 인덱스 *
char GetIndex = 0;  / * 읽는 위치의 인덱스 * /

/ * 데이터를 저장하는 함수 * /
void set(char Data) {
    / * 데이터를 저장 * /
    Queue[SetIndex] = Data;
    / * 쓰는 위치의 인덱스를 업데이트 * /
    SetIndex++;
    / * 배열 끝에 도달하면 맨 앞으로 되돌림 * /
    if(SetIndex >= 100) {
    SetIndex = 0;
    }
}


/ * 데이터를 읽는 함수 * /
char Get() {
    char Data;
    / * 데이터를 읽음 * /
    Data = Queue[GetIndex];
    / * 읽는 위치의 인덱스를 업데이트 * /
    GetIndex++; / *
    배열 끝에 도달하면 맨 앞으로 되돌림 * /
    if(GetIndex >= 100) {
    GetIndex = 0;
    }

    / * 읽은 데이터를 되돌려줌 * /
    return Data;
}
```

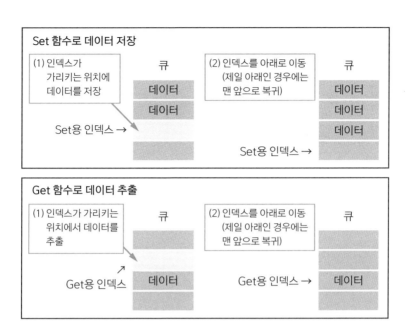

그림 6.9 데이터가 저장되는 모습이 원형인 배열(배열 끝과 맨 앞을 연결해서 보세요.)

큐를 실현하려면 임의 사이즈를 배열하고 큐의 맨 앞에 있는 데이터 인덱스를 나타내는 변수, 큐의 맨 끝에 있는 데이터 인덱스를 나타내는 변수 및 큐에 데이터를 저장하는 함수와 큐에서 데이터를 추출하는 함수가 세트로 묶여 있어야 합니다. 배열 마지막까지 데이터를 저장해 버렸다면, 다음 저장 위치가 배열 맨 앞으로 되돌아오도록 합니다. 이러면 배열의 맨 끝과 맨 앞이 이어지기 때문에 물리적으로는 '직선' 배열, 개념적으로는 '원형'이 됩니다.(List 6.7, 그림 6.9)[4]

■ 포인트 6 : 구조체의 시스템을 이해한다

C 언어 프로그램으로 리스트와 이진 트리를 실현하는 방법을 이해하려면 '구

---

4 List 6.7에서는 데이터가 존재하지 않는 것과 데이터가 넘쳐나는 것을 확인하는 과정을 생략했습니다. 프로그램을 단순하게 만들기 위해서입니다.

```
struct TestScore{
    char Kor;          / * 국어 점수 * /
    char Math;         / * 수학 점수 * /
    char Eng;          / * 영어 점수 * /
};
```

List 6.9 구조체 사용법

```
struct TestScore Kim;       / * 구조체를 데이터 형태로 한 변수를 선언 * /
kim.Kor = 80;               / * Kor이라는 멤버로 값을 저장 * /
kim.Math = 90;              / * Math라는 멤버로 값을 저장 * /
kim.Eng = 100;              / * Eng라는 멤버로 값을 저장 * /
```

조체'가 무엇인지 알아야 합니다. 구조체란 여러 개의 데이터를 하나로 모아 이름을 붙인 것입니다. 예를 들면 학생의 국어, 수학, 영어 시험 결과를 한꺼번에 TestScore라는 구조체로 만들 수 있죠.

List 6.8은 TestScore라는 구조체를 정의한 것입니다. C 언어의 구조체는 struct라는 키워드에 구조체의 이름(구조체 태그)을 붙이고, 그 뒤를 { }로 감싼 다음, 그 안에 여러 개의 데이터를 정렬합니다.

구조체를 정의했다면, 구조체를 데이터 형태로 만든 변수를 선언해 사용합니다. TestScore 구조체를 데이터 형태로 만든 변수 Kim을 선언하면, 메모리에 Kor, Math, Eng 등 3개 데이터를 저장하는 영역이 한꺼번에 확보됩니다. 구조체에 합쳐진 각각의 데이터를 '구조체 멤버'라고 부르는데요. 구조체 멤버에 값을 저장하거나 값을 읽어오려면 '.'(도트)를 사용해 Kim.Kor(김 군의 국어 점수)라는 구문을 사용합니다.(List 6.9)

학생 100명의 시험 결과를 다루는 프로그램을 만들 거라면 TestScore를 데이

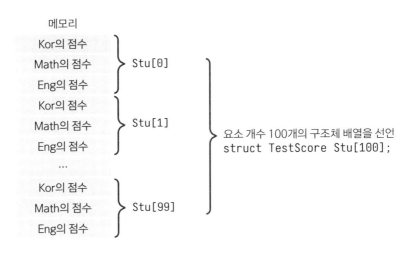

메모리
Kor의 점수
Math의 점수 } Stu[0]
Eng의 점수
Kor의 점수
Math의 점수 } Stu[1]
Eng의 점수
...
Kor의 점수
Math의 점수 } Stu[99]
Eng의 점수

요소 개수 100개의 구조체 배열을 선언
struct TestScore Stu[100];

그림 6.10 구조체 배열의 이미지

터 형태로 만든 배열(요소 개수 100개)을 선언합니다. 이걸로 메모리에 Kor, Math, Eng 3개 데이터 세트를 100개 저장할 영역을 확보하는 거죠.(그림 6.10) 이와 같은 구조체 배열을 잘 고안해 사용하면 리스트나 이진 트리를 실현할 수 있습니다.

■ 포인트 7 : 리스트와 이진 트리의 실현 방법을 이해한다

구조체 배열을 사용해 리스트를 실현하는 방법을 설명하겠습니다. 리스트는 배열의 각 요소가 다른 요소와 손을 잡은 것과 같다고 할 수 있어요. 앞서 언급한 TestScore 구조체를 데이터 형태로 만든 배열 Stu[100]에 손을 잡을 멤버를 추가해 보겠습니다.(List 6.10) TestScore 구조체 멤버로 다음 구문이 추가된 것에 주목하세요.

```
struct TestScore *Ptr;
```

이 구문을 자세히 설명하지는 않겠지만, 이 멤버 Ptr에는 배열에 포함된 다른 요소의 주소가 저장됩니다. C 언어에서는 이 주소를 '포인터'라고 부릅니다. *(별표)는 포인터를 표현한 것입니다.

List 6.10 다른 요소로 가는 포인터를 가진 자기 참조 구조체

```
struct TestScore{
    char Kor;                  /* 국어 점수 */
    char Math;                 /* 수학 점수 */
    char Eng;                  /* 영어 점수 */
    struct TestScore *Ptr;     /* 다른 요소로 가는 포인터 */
};
```

Ptr의 데이터 형태가 TestScore 구조체의 포인터(struct TestScore *Ptr)로 돼 있다는 점에 주목하세요. 이와 같은 구조체를 특별히 '자기 참조 구조체'라고 부릅니다. TestScore 구조체 멤버 안에 TestScore 구조체의 포인터를 데이터 형태로 만든 것이 있기 때문이죠. 본인과 똑같은 데이터 형태를 참조합니다.

자기 참조 구조체가 된 TestScore 배열의 각 요소에는 한 학생의 국어, 수학, 영어 점수 및 그 요소가 다음에 어느 요소로 이어지는지에 대한 정보(다음 요소의 주소) Ptr이 있습니다. 초기 상태는 메모리에 정렬된 것과 같은 상태로 Ptr의 값이 설정됩니다.(그림 6.11)

자, 여기서부터 리스트가 재미있어지는데요. 배열 요소의 연결 정보를 가진 Ptr의 값을 교체하면, 메모리상의 물리적인 정렬 순서와는 다른 순서로 요소를 다시 배열할 수 있습니다. 배열 첫 번째 요소의 Ptr 값을 C 주소로 설정하고, 배열 세 번째 요소의 Ptr 값을 B 주소로 설정해 보세요. 이렇게 하면 A → B → C라는 순서가 A → C → B로 바뀝니다.(그림 6.12)

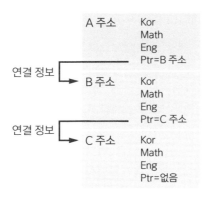

그림 6.11 초기 상태 리스트의 정렬순 메모리가 가진 물리 구조와 동일

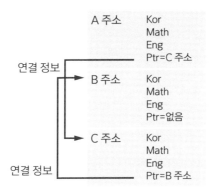

그림 6.12 연결 정보를 바꾸면 요소를 메모리의 물리 구조와 다른 순서로 만들 수 있다

리스트가 왜 편리한지 알겠어요? 만약 리스트를 사용하지 않고 대량의 데이터를 다시 정렬하면 어떻게 될지 생각해 보세요. 메모리상에서 요소의 물리적인 순서를 다시 정렬해야 할 겁니다. 대량의 데이터를 교체해야 하고, 프로그램의 처리 시간도 길어질 테죠.

리스트를 사용하면 요소 정렬은 Ptr 값을 변경하기만 하면 됩니다. 그러면 프로그램 처리 시간이 짧아집니다. 이건 요소를 삭제하거나 추가하는 프로그램에서도 똑같습니다. 대량의 데이터를 다루는 프로그램에서는 다양한 상황에서 리스트를 활용합니다. 리스트를 사용하지 않는 경우가 드물 정도죠.

리스트 구조를 이해하면 이진 트리를 실현하는 방법도 이해가 될 겁니다. 연결 정보 멤버를 2개 가진 자기 참조 구조체를 사용하면 됩니다.(List 6.11)

List 6.11 리스트의 연결 정보를 2개 가진 자기 참조 구조체

```
struct TestScore{
    char Kor;                /* 국어 점수 */
    char Math;               /* 수학 점수 */
    char Eng;                /* 영어 점수 */
    struct Testresult* Ptr1; /* 다른 요소로 가는 포인터 1 */
    struct TestScore* Ptr2;  /* 다른 요소로 가는 포인터 2 */
};
```

이진 트리는 '이진 탐색 트리'라는 이름의 형식으로 자주 쓰입니다. 배열과 리스트를 사용하기보다 이진 탐색 트리를 사용하면 데이터를 더 효율적으로 찾을 수 있습니다. 이진 트리가 두 갈래로 나뉜 경로를 쫓아가면 원하는 데이터에 짧은 경로로 도달할 수 있기 때문입니다.(그림 6.13) 구조체, 포인터, 자기 참조 구조체는 C 언어의 해설서에서 마지막에 학습하는 것들입니다.

이것들은 C 언어의 구문 중 가장 난해하다고 알려져 있습니다. 여러분은 거기까지 단숨에 이미지를 파악해 버린 겁니다. 만약 여러분에게 특기라 할 만한 프로그래밍 언어가 있다면 그걸 사용해 스택, 큐, 리스트, 이진 트리를 실현할 방법을 생각해 보세요. 어떤 프로그래밍 언어라도 자료구조의 기본은 배열입니다. 이를 잘 연구해서 사용하는 것이 관건입니다.

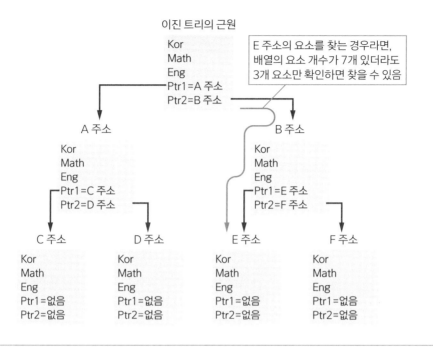

Kor
Math
Eng
Ptr1=A 주소
Ptr2=B 주소

E 주소의 요소를 찾는 경우라면,
배열의 요소 개수가 7개 있더라도
3개 요소만 확인하면 찾을 수 있음

A 주소

Kor
Math
Eng
Ptr1=C 주소
Ptr2=D 주소

B 주소

Kor
Math
Eng
Ptr1=E 주소
Ptr2=F 주소

C 주소

Kor
Math
Eng
Ptr1=없음
Ptr2=없음

D 주소

Kor
Math
Eng
Ptr1=없음
Ptr2=없음

E 주소

Kor
Math
Eng
Ptr1=없음
Ptr2=없음

F 주소

Kor
Math
Eng
Ptr1=없음
Ptr2=없음

그림 6.13 이진 트리를 사용하면 짧은 경로로 원하는 데이터를 찾을 수 있다

제5장과 제6장에서 알고리즘과 자료구조의 기초는 졸업했습니다. 지금까지 다양한 포인트를 설명했지만, 마지막으로 하나만 주의하셔야 합니다. 현명한 학자가 생각했을 법한 알고리즘과 자료구조가 있다고 하더라도 그것들에 100% 의존하지 말고, 항상 자신의 힘으로 알고리즘과 자료구조를 생각해야 한다는 점입니다. 정석 알고리즘과 정석 자료구조를 이해했다면 그것들을 응용해 보겠다는 마음을 잊지 마세요. 정석을 응용할 수 있다면, 여러분 자신의 훌륭한 독창성으로 이어질 겁니다. 자기 나름의 창의적인 역량이 있어야 진정한 기술자라 할 수 있겠죠. 제7장에서는 다양한 각도에서 '객체 지향 프로그래밍이란 무엇인지' 설명하겠습니다.

제 7 장

객체 지향 프로그래밍을 이야기할 수 있는 힘을 기르자

워밍업

본문을 읽기 전, 워밍업으로 아래 퀴즈에 도전해 보세요.

퀴즈

초급 문제

오브젝트를 번역하면 무엇일까요?

중급 문제

OOP는 무엇의 약자일까요?

상급 문제

C 언어에 OOP의 기능을 추가한 프로그래밍 언어는 무엇일까요?

어떤가요? 다시 보니 간결하게 답하기 어려운 문제도 있지 않았나요?
정답과 해설은 아래에 있습니다.

정답

초급 문제 : 오브젝트는 사물, 물체, 객체 등을 의미합니다.

중급 문제 : OOP는 Object Oriented Programming(객체 지향 프로그래밍)의 약
자입니다.

상급 문제 : C++입니다.

해설

초급 문제 : 오브젝트(object)는 대개 사물을 뜻하는 일반 용어입니다.

중급 문제 : 객체 지향을 OO(Object Oriented)라고 줄여서 부르기도 합니다.

상급 문제 : ++는 증가(값을 1만 추가하는 것)를 표현하는 C 언어의 연산자입니다. C
언어에 OOP의 기능을 추가했기 때문에 C++라는 이름이 붙었습니다. 또
한 C++를 기반으로 개발된 프로그래밍 언어로 Java와 C#이 있습니다.

이번 장에서는 여러분이 객체 지향 프로그래밍이 무엇인지를 이해할 수 있도록 도울 겁니다. 객체 지향 프로그래밍을 인식하는 방법은 다양합니다. 프로그래머에 따라 객체 지향 프로그래밍에 대한 의견이 가지각색입니다. 여기서는 지금까지 필자가 만난 몇몇 프로그래머의 의견을 정리해서 소개하려고 합니다. 다양한 의견을 접한 다음, 여러분 자신의 의견을 생각해 보면 좋겠습니다. 이 장을 다 읽고 나서 친구나 선배와 함께 객체 지향 프로그래밍을 주제로 의견을 나눠보는 건 어떨까요?

■ 객체 지향 프로그래밍이란?

　객체 지향 프로그래밍(OOP. Object Oriented Programming)은 프로그래머의 개발 방식 중 하나입니다. 객체 지향 프로그래밍은 대규모 프로그램 개발을 효율화해, 유지 보수를 더 쉽게 하는 것이 목적입니다.[1] 이 때문에 기업, 특히 매니저 부문을 담당하는 사람들은 객체 지향 프로그래밍으로 개발하는 데 열심입니다. 프로그램을 효율적으로 개발할 수 있어 유지 보수가 쉬우면, 비용(개발비＋유지 보수비)을 대폭 줄일 수 있기 때문이죠. 매니저들은 그 실체가 뭔지 몰라도 '객체 지향 프로그래밍은 좋은 것이다.'라고 믿고 있으니까요.

　하지만 개발 현장에서는 객체 지향 프로그래밍을 경원시하기 일쑤입니다. 새롭게 학습해야 할 것이 많고, 또 학습해서 얻은 지식에 얽매이고 말아 원하는 대로 개발을 할 수 없기 때문이에요. 필자의 집필 경험으로는 객체 지향이 아닌 프로그래밍 언어의 해설서가 한 권으로 끝난다면, 객체 지향 프로그래밍 언어의 해설서는 2권입니다. 솔직히 말해 객체 지향 프로그래밍을 학습하기가 '귀찮은' 거죠.

1　여기서 말하는 유지 보수란 프로그램 기능을 변경하거나 확장하는 것입니다.

이런 상황이긴 하지만, 객체 지향 프로그래밍을 설명해 보려고 합니다. 현재 주류가 된 프로그래밍 언어나 개발 환경에서는 객체 지향 프로그래밍 지식이 필수이기 때문입니다. 지금까지 객체 지향 프로그래밍을 경원시했던 프로그래머들도 이제는 묵직한 엉덩이를 들고 일어나 새로운 것을 배워야 합니다. 이미 프로그래머들에게 도망칠 곳은 없거든요.

객체 지향 프로그래밍을 온전히 익히는 데 시간이 오래 걸리는 것은 사실입니다. 먼저 이 장을 읽고 '객체 지향 프로그래밍이 무엇인지'에 대해 이야기할 수 있을 정도의 지식을 갖춰보는 건 어떨까요? 그런 다음, 객체 지향 프로그래밍을 직접 할 수 있도록 착실하게 학습해 보세요.

■ OOP를 이해하는 다양한 방법

컴퓨터 용어 사전에서는 객체 지향 프로그래밍을 아래와 같이 설명하는 일이 많은 듯합니다.

> 대상(객체) 그 자체에 중점을 두고 대상의 행동이나 조작이 대상의 속성으로 갖춰진다는 사고에 근거해 프로그래밍하는 것. 프로그램을 쉽게 다시 이용할 수 있고, 소프트웨어 생산성을 높일 수 있다. 주요 프로그래밍 기법으로는 상속, 캡슐화, 다형성 3가지가 있다.

용어 설명은 충분히 한 것 같지만, 겨우 이 정도로 객체 지향 프로그래밍을 이해하기는 힘들겠죠. "객체 지향 프로그래밍이란 무엇일까요?"라고 프로그래머 10명에게 물으면, 아마 10명 다 다른 대답을 할 겁니다.

조금 비유가 애매할지도 모르지만, 여러 사람이 고슴도치를 보지 않고 손으로만 만져본다고 합시다. 누군가는 등을 쓰다듬으며 '뾰족뾰족하니까 수세미 같은 것'이라고 할 테고, 또 누군가는 꼬리를 만지며 '가늘고 기니까 끈 같은 것'이라고

그림 7.1 객체 지향 프로그래밍이란 무엇일까요?

하겠죠.(그림 7.1) 이와 마찬가지로 객체 지향 프로그래밍도 프로그래머에 따라 인식 방법이 다양합니다.

어느 인식 방법이 올바를까요? 실제로 프로그래밍에서 실천할 수만 있다면 모두 정답이라고 할 수 있겠죠. 여러분도 나만의 인식 방법으로 객체 지향 프로그래밍을 실천하면 됩니다. 그렇다고 해도, 인식 방법의 일부만 아는 정도로는 전체적인 그림을 파악하지 못해 답답할 겁니다. 여기서는 사람들의 다양한 의견을 듣고, 객체 지향 프로그래밍의 전체적인 그림을 파악해 봅니다.

■ 의견 1 : 부품을 조합해 프로그램을 구축한다

객체 지향 프로그래밍에서는 '클래스'라는 개념을 사용합니다. 여러 클래스를 조합해 프로그램을 구축하는 거죠. 이렇게 봤을 때, 클래스는 프로그램의 '부품' (컴포넌트)이라고 할 수 있습니다. 객체 지향 프로그래밍에서는 클래스를 잘 쓸 수 있느냐 없느냐가 중요합니다.

클래스가 뭔지 설명해 볼게요. 제1장에서 어떤 개발 기법으로 프로그램을 만들었다고 해도, 프로그램의 내용은 최종적으로 수치를 나열한 기계어이며, 각각의 수치는 '명령' 또는 명령 대상인 '데이터' 중 하나를 나타내는 것이라고 했습니다. 어차피 프로그램이란 명령과 데이터의 집합체거든요.

객체 지향 언어(객체 지향 프로그래밍을 위한 언어)가 아닌 C 언어를 사용해 프로그래밍하면 명령을 '함수'로 표현하고, 데이터를 '변수'로 표현합니다. C 언어를 사용하는 프로그래머에게 프로그램이란 함수와 변수의 집합체입니다. 함수와 변수에는 Var, Func 같은 이름을 붙입니다.(List 7.1)

대규모 프로그램에서는 프로그램에 필요한 함수와 변수의 수가 방대합니다. 만약 함수 10,000개와 변수 20,000개로 구성된 프로그램을 만든다고 한다면 너저분해지는 건 둘째 치고 깜짝 놀랄 만큼 개발 효율이 떨어져 유지 보수가 어려워질 테죠. 그래서 프로그램 안에 함수와 변수를 정리한 그룹을 만드는 방법이 고안됐습니다. 이 그룹이 바로 클래스입니다.

List 7.1 프로그램이란 함수와 변수의 집합체(C 언어)

```
int Var1;
int Var2;          } 변수
int Var3;
...
int Func1(int a) {처리 내용}
int Func2(int b) {처리 내용}   } 함수
int Func3(int c) {처리 내용}
...
```

List 7.2 함수와 변수를 그룹화해 MyClass를 정의한다(C++)

```
class MyClass ──────────── 클래스명
{
    int Var1;
    int Var2;
    …                          } 클래스 멤버(변수와 함수)
    int Func1(int a) {처리 내용}
    int Func2(int b) {처리 내용}
    …

};
```

C++, Java, C# 등의 객체 지향 언어에는 언어 구문으로 클래스를 정의하는 기능이 있습니다. 클래스에는 MyClass 같은 이름을 붙입니다.(List 7.2) 관계있는 변수와 함수를 모은 클래스는 특정한 역할을 담당하는 프로그램의 부품이 됩니다. 클래스에 모인 함수와 변수를 '멤버'라고 총칭하겠습니다.

C 언어에 객체 지향 프로그래밍을 위한 언어 구문을 추가하는 형태로 C++가 개발됐습니다. C++를 기반으로 Java와 C#이 개발됐고요. 이 장에서는 C 언어, C++, Java의 샘플 프로그램을 소개합니다. 프로그램 내용을 이해하지 않아도 됩니다. 분위기만 파악해 주세요.

■ 의견 2 : 개발 효율과 유지 보수성을 향상한다

프로그램을 구성하는 모든 클래스를 프로그래머가 직접 만들어야 하는 것은 아닙니다. 객체 지향 언어에는 다양한 프로그램에서 이용할 수 있는 수많은 클래스가 첨부돼 있습니다. 이 같은 클래스군(부품군)을 '클래스 라이브러리'라고 부릅니다. 클래스 라이브러리를 이용하면 프로그래밍을 효율화할 수 있습니다. 또 직접 만든 클래스를 다른 프로그램에서 다시 이용할 수 있으면, 더욱더 효율이 높아집니다.

기업용 프로그램은 운용을 시작한 후에 기능 변경이나 기능 확장 같은 유지 보수를 해야 하는 상황이 생깁니다. 이때 클래스를 조합해 구축한 프로그램이면 쉽게 유지 보수 작업을 할 수 있습니다. 왜냐하면 유지 보수의 대상인 함수와 변수가 클래스라는 그룹에 모여 있기 때문입니다. 예를 들어 직원들의 급여를 관리하는 프로그램을 만들었다고 치죠. 급여 계산 규칙이 변경돼 프로그램을 유지 보수한다고 하면, 수정해야 할 함수와 변수는 CalClass 같은 이름의 클래스에 모여 있을 겁니다.(그림 7.2) 모든 클래스를 수정할 필요는 없고, CalClass만 수정하면 됩니다. 유지 보수성에 관한 내용은 제12장에서도 설명하겠습니다.

객체 지향 프로그래밍을 실천하려면 '나는 클래스를 만드는 사람, 당신은 클래스를 쓰는 사람'이라는 감각이 필요합니다. 개발팀 전원이 프로그램을 구석구석 파악하지 않아도 됩니다. 부품(클래스)을 만들기만 하는 사람이 있으면 부품을 쓰기만 하는 사람도 있습니다. 물론 두 업무를 겸할 수도 있죠. 일부 부품을 작성하는 일을 협력사에 위임하는 것도 가능합니다. 시판 부품을 사 와서 쓸 수도 있습니다. 클래스를 만드는 쪽이 된 프로그래머는 프로그램의 개발 효율과 유지 보수성을 고려해 무엇을 클래스로 하면 좋을지 정합니다.

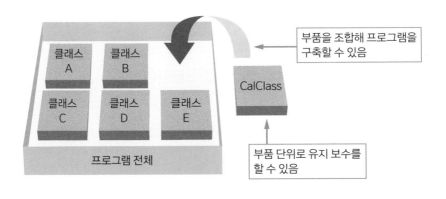

그림 7.2 부품을 조합하면 효율적으로 개발할 수 있어 쉽게 유지 보수를 할 수 있다

클래스 하나를 수정하니 다른 클래스까지 수정해야 하는 상황이 생기면 안 됩니다. 자동차나 가전제품에 사용되는 부품처럼, 설령 불량이 있더라도 쉽게 교환할 수 있는 부품을 써야 하죠.

기능이 향상된 새 부품과 교환할 수 있게 만들어둘 필요도 있습니다. 이를 위해서는 클래스의 사양을 결정해 두는 게 좋습니다. 클래스라는 부품을 사용하는 사람에게 클래스가 어떻게 보일지 표현해 주는 사양을 '인터페이스'라고 부른다는 것을 기억해 두세요. 예를 들어 협력사에 인터페이스를 알려주면, 프로그램 외의 부분과 확실하게 이어지는 클래스를 받을 수 있습니다. 객체 지향 언어 대부분에는 인터페이스를 정의하는 구문이 준비돼 있습니다.

■ 의견 3 : 대규모 프로그램에 적합한 개발 기법이다

지금까지 한 설명으로 객체 지향 프로그래밍이 대규모 프로그램 작성에 적합한 이유를 알았죠? 함수 10,000개와 변수 20,000개가 필요한 프로그램을 클래스 100개로 그룹화하면, 클래스 1개당 함수는 100개 정도고 변수는 200개 정도가 됩니다. 프로그램의 복잡한 정도가 100분의 1 정도로 경감된 셈입니다. 나중에 설명할 캡슐화라는 기능을 사용하면 복잡함을 더욱더 줄일 수 있습니다.

객체 지향 프로그래밍을 해설한 서적이나 잡지 기사 등을 보면, 지면 한계로 대규모 샘플 프로그램을 게재할 수 없습니다. 짧은 프로그램으로 객체 지향 프로그래밍의 장점을 전달하는 데는 무리가 있죠. 독자 여러분은 항상 대규모 프로그램을 이미지로 그리며 해설을 읽어야 합니다. 물론 이 책도 마찬가지고요.

컴퓨터를 둘러싼 기술은 컴퓨터와 인간 사이를 가깝게 해서 보다 쓰기 편리한 것으로 만들기 위해 진보 중입니다. 인간의 감각으로 봤을 때, 큰 물건은 부품을 조합해 만듭니다. 객체 지향 프로그래밍은 그와 똑같은 개념을 적용해 작업하는 방식이며, 따라서 인간답게 진보한 개발 기법이라고 할 수 있습니다.

■ 의견 4 : 현실 세계를 모델링한다

프로그램은 현실 세계의 업무와 놀이를 컴퓨터상에서 실현하는 것입니다. 컴퓨터 자체에 특정한 용도가 있는 건 아닙니다. 그저 프로그램에 따라 컴퓨터를 임의 용도로 사용합니다. 객체 지향 프로그래밍에서는 프로그램으로 치환하는 현실 세계를 '어떤 객체(오브젝트)로 구성돼 있는가.'라는 관점에서 분석합니다. 이 분석 작업을 '모델링'이라고 부릅니다. 모델링은 개발자에게 현실 세계가 어떻게 보이는지에 대한 세계관을 나타내는 것이라고 할 수 있어요.

실제 모델링 작업을 할 때는 '부품화'와 '생략화'를 실행합니다. 부품화란 현실 세계를 여러 객체의 집합체로 분할하는 것입니다. 현실 세계를 100% 프로그램으로 치환할 필요는 없기에, 일부를 생략합니다. 예를 들어 여객기를 모델링한다고 하죠. 동체, 주익, 미익, 엔진, 차륜, 좌석 등을 부품화할 수 있습니다.(그림 7.3)

화장실이라는 부품이 필요 없다면 생략합니다. 모델링이라는 단어에서 프라모델을 상상해 보세요. 여객기 프라모델에는 많은 부품이 있지만, 프라모델에 화장실은 필요 없어서 생략하기 마련입니다.

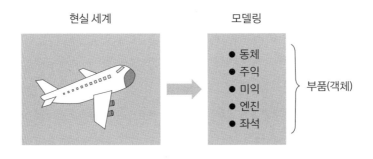

그림 7.3 모델링에서는 부품화와 생략화를 한다

■ 의견 5 : UML로 프로그램을 설계한다

객체 지향 모델링은 객체 지향 프로그래밍을 위한 설계라고 할 수 있습니다. 현실 세계를 모델링한 결과를 도식화하려고 UML(Unified Modeling Language, 통합 모델링 언어)이라는 표기 방법을 자주 씁니다. 과거에 존재했던 다양한 표기 방법을 통합하며 UML을 고안했기 때문에, 사실상 UML이 모델링 표기 방법의 세계 표준이 됐습니다. UML에는 여러 개의 다이어그램이 규정돼 있습니다.(표 7.1)

표 7.1 UML에서 규정한 주요 다이어그램의 종류

명칭	주요 용도
유즈 케이스 다이어그램 (Use Case Diagram)	프로그램이 사용되는 방법을 표현
클래스 다이어그램 (Class Diagram)	클래스 및 여러 클래스의 관련을 표현
객체 다이어그램 (Object Diagram)	오브젝트 및 여러 오브젝트의 연관성을 표현
시퀀스 다이어그램 (Sequence Diagram)	여러 오브젝트의 연관성을 시간에 주목해 표현
커뮤니케이션 다이어그램 (Communication Diagram)	여러 오브젝트의 연관성을 협조 관계에 주목해 표현
상태 머신 다이어그램 (State Machine Diagram)	객체의 상태 변화를 표현
활동 다이어그램 (Activity Diagram)	처리의 흐름을 표현
컴포넌트 다이어그램 (Component Diagram)	파일 및 여러 파일의 관련을 표현
배치 다이어그램 (Deployment Diagram)	컴퓨터나 프로그램의 배치 방법을 표현

다이어그램의 종류가 많은 이유는 현실 세계를 다양한 시점에서 모델링한 결과를 표현하기 위해서입니다. 예를 들어 유즈 케이스 다이어그램은 사용자의 시점(프로그램 사용 방법)에서 모델링한 결과를 도식화하는 것입니다. 클래스 다이어그램이나 시퀀스 다이어그램은 프로그래머의 시점입니다.

UML은 모델링 표기 방법을 규정한 것일 뿐이며, 객체 지향 프로그래밍 전용은 아닙니다. 회사의 조직도나 업무의 흐름 등을 UML로 표기할 수도 있습니다.

'다이어그램 종류가 많아서 외우기가 힘들다.'라고 생각하는 분들도 계실 테죠. 긍정적으로 생각해 보세요. 객체 지향 프로그래밍의 설계도로 UML이 널리 사용되고 있다고 칩시다. 여기서 UML의 주요 다이어그램에 어떤 종류가 있고 역할이 뭔지를 이해한다면 객체 지향 프로그래밍의 사고방식을 엔간하면 망라해서 이해할 수 있을 거예요. 이렇게 생각하면 UML을 학습할 의욕이 샘솟을 겁니다.

그림 7.4는 UML 클래스 다이어그램의 예입니다. 이 클래스는 List 7.2에 나타낸 MyClass 클래스를 표현한 것입니다. 사각형을 영역 3개로 나눠 상단에 클래스 이름을 적고, 중간에 변수(UML에서는 '속성'이라고 부름)를 열거하고, 하단에 함수(UML에서는 '행동'이나 '조작'이라고 부름)를 열거합니다.

객체 지향 프로그래밍 작성을 위한 설계를 할 때, 뿔뿔이 흩어진 함수와 변수를 나중에 클래스에 그룹화하는 것이 아닙니다. 처음에 필요한 수만큼만 클래스를 결정하고, 나중에 각각의 클래스가 가져야 할 함수와 변수를 열거합니다. 즉 프로그램의 대상이 되는 현실 세계를 보고 '어떤 객체(클래스)로 구성돼 있을까?'를 생각해야 합니다.

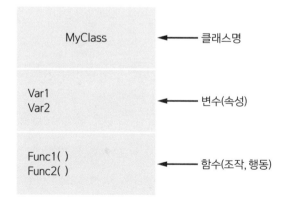

그림 7.4 UML의 클래스 다이어그램의 예

이처럼 객체에 주목하고 있기에 Object Oriented Programming이라고 부르는 겁니다. 과거의 개발 기법이었다면 프로그램을 '어떤 기능과 데이터로 구성해야 할까'를 생각해, 갑자기 함수와 변수를 결정하는 설계를 했을 테죠. 객체 지향 프로그래밍에서는 제일 먼저 클래스라는 그룹을 결정하기 때문에, 필연적으로 프로그램을 구성하는 함수와 변수가 정리됩니다.

■ 의견 6 : 객체 간의 메시지 전달로 프로그램이 작동한다

플레이어 A와 플레이어 B가 가위바위보를 하고, 심판이 승패를 판정하는 프로그램을 만든다고 칩시다. 이때 객체 지향 언어가 아닌 C 언어로 프로그램을 기술하면, List 7.3 같이 나옵니다. 객체 지향 언어인 C++의 경우는 List 7.4와 같이 나오고요. 어디가 다른지 알아보겠습니까?

C 언어의 경우에는 GetHand()와 GetWinner()라는 단독 함수가 사용된 게 다입니다. 그에 비해 C++의 경우는 객체에 함수가 있어서 PlayerA.GetHand()(플레이어 A 객체가 가진 GetHand() 함수)라는 표현이 쓰입니다.

즉 C++ 같은 객체 지향 언어로 프로그램을 작성하면 오브젝트가 다른 오브젝트에 있는 함수를 호출해 프로그램이 작동합니다. 이걸 객체 간의 '메시지 전달'이라고 부릅니다.

프로그래밍 언어의 메시지 전달은 객체에 있는 함수를 호출하는 것뿐입니다. 현실 세계에서도 물건과 물건의 메시지 전달로 업무나 놀이가 진행될 겁니다. 객체 지향 프로그래밍에서는 이를 프로그램으로 표현할 수 있습니다.

List 7.3 객체 지향 언어가 아닌 경우(C 언어)

```
/ * 플레이어 A가 손을 결정 * /
a=GetHand();

/ * 플레이어 B가 손을 결정 * /
b=GetHand();

/ * 승패를 판정 * /
winner=GetWinner(a, b);
```

List 7.4 객체 지향 언어인 경우(C++)

```
// 플레이어 A가 손을 결정
a=PlayerA.GetHand();

// 플레이어 B가 손을 결정
b=PlayerB.GetHand();

//심판이 승패를 판정
winner=Judge.GetWinner(a, b);
```

객체 지향 언어가 아닌 경우에는 프로그램 작동을 대부분 순서도(흐름도)로 표현합니다. 그에 비해 객체 지향 언어에서는 프로그램 작동을 UML의 '시퀀스 다이어그램'과 '커뮤니케이션 다이어그램'으로 표현합니다.

그림 7.5는 순서도와 시퀀스 다이어그램을 비교합니다. 순서도에 관한 이야기는 이미 여러 번 했으니 설명할 필요도 없겠죠. 이 순서도에는 함수가 호출되는 순서가 있습니다. 시퀀스 다이어그램에서는 사각형으로 표현한 객체를 가로 방향으로 나열합니다.

다이어그램의 위에서 아래로 시간이 흐르고, 객체 간의 메시지 전달을 화살표로 표현합니다. 이 시퀀스 다이어그램은 객체 간의 메시지 전달 순서를 나타냅니다.

절차적 프로그래밍을 오랜 시간 사용했던 프로그래머는 순서도로 프로그램 작동을 생각하는 데 익숙해져 있을 겁니다. 객체 지향 프로그래밍을 실천하려면 시퀀스 다이어그램으로 프로그램 작동을 생각해 보는 일도 필요합니다.

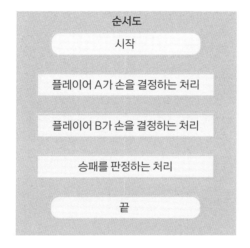

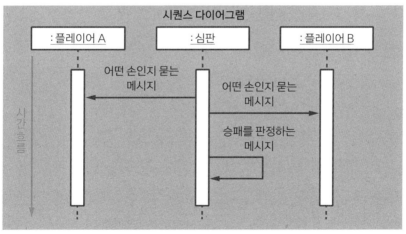

그림 7.5 순서도와 시퀀스 다이어그램의 비교

■ 의견 7 : 상속, 캡슐화, 다형성을 사용한다

상속(inheritance), 캡슐화(encapsulation), 다형성(polymorphism, 다양성이나 다의성이라고도 불림)은 객체 지향 프로그래밍의 세 기둥으로 불립니다. 객체 지향 언어로 불리는 C++, Java, C# 등의 프로그래밍 언어는 이 3가지 기능들을 프로그램에서 실현하는 언어 구문을 갖추고 있어요.

상속은 기존 클래스가 가진 멤버를 계승해 새로운 클래스를 작성하는 것입니다. 캡슐화는 클래스가 가진 멤버 중에 클래스 이용자에게 보여줄 필요가 없는 것을 숨기는 것이고, 다형성이란 같은 메시지에 대해 객체째로 다양한 동작을 하는 것입니다.

프로그램에서 이 세 기둥을 실현하는 방법을 설명하려면 1권 분량의 해설서가 필요할 테죠. 여기서 얻은 언어 구문과 방대한 지식에 얽매여 원하는 대로 프로그래밍을 하지 못하는 분들이 많습니다. 냉정하게 말해 언어 구문과 기법이 아니라, 세 기둥을 실천하는 장점에 주목하면 필요에 따라 적절하게 사용할 수 있습니다.

기존 클래스를 상속하면 새로운 클래스를 효율적으로 작성할 수 있습니다. 클래스 하나가 여러 클래스에 상속돼 있으면, 상속된 클래스를 수정하기만 해도 상속받은 모든 클래스를 수정할 수 있습니다. 캡슐화로 불필요한 멤버를 감추면 클래스는 쓰기 편한 부품이 되고, 유지 보수도 쉬워집니다. 숨긴 멤버는 바깥에서 사용되지 않아 자유롭게 수정할 수 있으니까요. 다형성을 이용해 같은 메시지로 사용할 수 있는 클래스를 여럿 만들면, 클래스를 사용하는 사람은 기억해야 할 것이 적어집니다. 결국 객체 지향 프로그래밍의 장점인 개발 효율과 유지 보수성 향상을 실현하는 셈이 됩니다.

실제 프로그램에서 상속하는 방법은 나중에 소개하겠습니다. 캡슐화를 하려면 클래스의 멤버 앞에 public(외부에서 사용 가능) 또는 private(외부에서 사용 불가)이라는 키워드를 지정합니다. List 7.2에서는 이 키워드들을 생략했습니다. 다형성을 구현하려면 여러 클래스가 똑같은 이름의 함수를 가지도록 합니다.

■ 클래스와 객체의 차이

지금까지 객체 지향 프로그래밍에 대한 다양한 의견을 소개했습니다. 독자 여러분도 객체 지향 프로그래밍이 어떤 것인지 대충 감을 잡았겠죠. 이제부터는 객체 지향 프로그래밍에 필요한 지식을 보충하겠습니다.

먼저 클래스와 객체의 차이를 설명해 볼게요. 객체 지향 프로그래밍에서는 클래스와 객체를 구별합니다. 클래스는 객체의 정의이며, 클래스가 실체를 가진 것이 객체(클래스 인스턴스라고도 부름)입니다. 이를 두고 "클래스는 쿠키 틀이고, 도려낸 쿠키가 객체다."라고 설명하는 해설서가 많습니다.(그림 7.6)

앞서 List 7.2에 표현한 프로그램은 MyClass 클래스의 정의입니다. 이대로는 MyClass 클래스가 가진 멤버를 사용할 수 없어요. 메모리상에 클래스 사본을 작성한 다음 사용해야 합니다. 이 사본이 객체입니다.(List 7.5)

객체 지향 언어의 학습을 막 시작한 사람은 하나하나 객체를 작성한 다음 사용하는 일이 번거로운 듯합니다. 하지만 이건 객체 지향 언어의 규칙입니다. 왜 이같은 규칙을 만든 걸까요? 그건 바로 현실 세계에서도 클래스(정의)와 객체(실체)가 구별돼 있기 때문입니다. 예를 들어 기업의 직원들을 나타내는 Staff 클래스를 정의했다고 치죠. 정의만 해도 바로 Staff 클래스의 멤버를 사용할 수 있으면, 프로그램 안에는 직원이 한 사람밖에 존재할 수 없습니다.

Staff 클래스의 객체를 작성하는 규칙으로는 필요한 인원만큼 직원을 만들 수 있습니다.(메모리상에 Staff 클래스의 사본을 작성) 이걸로 클래스가 쿠키 틀이고 도려낸 쿠키가 객체라는 말의 의미를 알겠죠? 똑같은 쿠키 틀에서(클래스) 필요한 수만큼 쿠키(객체)를 만들 수 있는 겁니다.

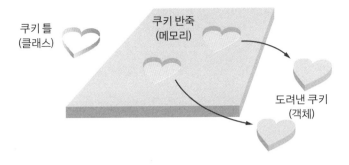

그림 7.6 클래스와 객체는 쿠키 틀과 쿠키의 관계

List 7.5 클래스의 객체를 만든 후 사용한다(C++의 경우)

```
MyClass obj;        //객체를 작성
obj.Var1=123;       //객체가 가진 변수를 사용
obj.Func1();        //객체가 가진 함수를 사용
```

■ 클래스를 사용하는 방법은 3가지

반복해서 설명하지만, 객체 지향 프로그래밍에서는 클래스를 생성하는 사람과 클래스를 사용하는 사람이 분업할 수 있습니다. 클래스를 생성하는 사람은 재이용성, 유지 보수성, 현실 세계의 모델링 및 사용 편의성을 고려해 함수와 변수를 정리하면 됩니다. 이 작업을 '클래스 정의'라고 부르죠.

클래스를 사용하는 사람은 3가지 방법으로 클래스를 사용할 수 있다는 사실을 알아둬야 합니다. 클래스가 가진 멤버(함수와 변수)를 그냥 개별로 이용하는 방법, 클래스 정의 안에 다른 클래스를 포함하는 방법('집약'이라고 불림), 기존 클래스를 상속해 새로운 클래스를 정의하는 방법입니다. 어떤 방법을 쓸지는 대상인 클래스의 성질과 프로그램 목적에 따라 필연적으로 정해집니다. 클래스를 방금 이야기한 3가지 방법으로 사용하는 예를 소개해 보겠습니다.

```java
import java.awt.*;
import java.awt.event.*;
import javax.swing.*;
```

상속해서 사용

```java
public class MyFrame extends JFrame implements
                                        ActionListener {
  private JButton myButton;
```
집약해서 사용
```java
  public MyFrame() {
    this.myButton = new JButton("클릭하세요.");
    this.getContentPane().setLayout(new FlowLayout());
    this.getContentPane().add(myButton);
    myButton.addActionListener(this);

    this.setTitle("샘플 프로그램");
    this.setSize(300, 100);
    this.setDefaultCloseOperation(JFrame.EXIT_ON_CLOSE);
    this.setVisible(true);
  }
```

멤버를 사용

```java
  public void actionPerformed(ActionEvent e) {
    JOptionPane.showMessageDialog(null,"안녕하세요!");
  }

  public static void main(String[ ] args) {
    new MyFrame();
  }
}
```

그림 7.7 Windows 애플리케이션의 실행 결과

List 7.6은 Java로 기술한 Windows 애플리케이션입니다. 버튼을 클릭하면 메시지 상자에 "안녕하세요!"가 뜹니다.(그림 7.7)

프로그램 내용을 이해할 필요는 없지만, 클래스가 3가지 방법으로 사용된 점에 주목하세요. 이 프로그램은 전체가 MyFrame이라는 이름의 클래스로 돼 있습니다. MyFrame은 클래스 라이브러리가 제공하는 JFrame 클래스를 상속합니다. Java에서는 extends가 상속을 의미합니다. 창에는 버튼이 하나 있는데, 이걸 프로그램으로 나타내면 JButton(버튼 클래스)을 데이터 형태로 만든 변수 myButton이 됩니다. 이것이 바로 집약입니다. 클래스 안에 다른 클래스가 포함된 겁니다. 클래스가 다른 클래스를 가지고 있다고도 할 수 있죠. 메시지 상자를 표시하는 JOptionPane.showMessageDialog(null, "안녕하세요!");에서는 JOptionPane 클래스의 멤버인 showMessageDialog를 개별로 이용하고 있습니다. 그 외에도 클래스의 멤버를 개별로 이용하는 부분이 많습니다.

객체 지향 프로그래밍을 인식하는 다양한 방법을 알게 됐으니, 객체 지향 프로그래밍의 전체상을 파악했다고 생각하겠지만, 한 가지 주의해 주셨으면 합니다. 그건 바로 '객체 지향 프로그래밍을 학문이라고 생각하지 말아줬으면' 하는 겁니다.

프로그래머는 엔지니어입니다. 엔지니어는 학자가 아니라 경제 활동가죠. 객체 지향 프로그래밍의 다양한 개념과 프로그래밍 기법에 얽매이지 않고, 객체 지향 프로그래밍을 효율적으로 유지 보수를 쉽게 할 수 있는 프로그래밍 기법으로 적절한 상황에서 활용하세요.

이렇게 말하는 필자는 객체 지향 프로그래밍을 '미리 준비된 부품을 활용하는 프로그래밍 기법'이라고 생각하며 활용하고 있습니다. 어쩌면 그런 필자에게 "넌 객체 지향 프로그래밍을 몰라. 그건 컴포넌트 기반 프로그래밍이라고!"라며 학자 같은 말을 하는 분이 계실지도 모르겠네요. 여기서 전 "그렇게 말하는 당신은 객체 지향 프로그래밍을 적절하게 이용하고 있습니까?"라고 반론하겠습니다. 제8장에서는 화제를 싹 바꿔 '데이터베이스'를 설명하겠습니다. 기대하세요!

세미나 현장에서

신입 프로그래머 교육 시
추천하는 프로그래밍 언어는?

IT 기업 중 일부는 신입 프로그래머의 교육 기간에 특정한 프로그래밍 언어를 배우게 합니다. 필자의 강사 경험으로는 옛날만 해도 C 언어 또는 Visual Basic을 사용하는 기업이 많았는데 최근 들어서는 압도적으로 Java를 사용해 개발하고 있더군요. 이 때문에 배속 후 바로 Java로 프로그래밍을 하고 싶을 테지만, 필자는 처음 배우는 프로그래밍 언어로 Java를 추천하지 않습니다. 그 이유는 이것도 요즘 경향이긴 하지만, IT 기업에 입사하는 신입 사원들이 가진 지식이 옛날과 비교했을 때 현저하게 낮기 때문입니다.

실제로 연수 때 확인해 보면 반년 정도 된 신입 사원들이 '학창 시절에 프로그래밍을 해본 경험이 없는' 상태였어요. 경험이 있더라도 스스로 취미 삼아 프로그래밍을 즐겼던 것이 아니라, '학교 수업을 할 때 수십 행 정도의 프로그램을 작성해 본 것뿐'이라는 사람이 대부분입니다. '이미 컴퓨터 구조도 프로그래밍도 알고 있으니 신입 연수 때는 실제로 도움이 될 만한 실전 지식을 얻고 싶다.'라는 생각을 품은 신입 사원이 거의 없는 거죠.

■ Java는 알고리즘과 자료구조를
숨겨버린다

컴퓨터와 프로그래밍 지식이 많지 않은 신입 사원에게 Java를 가르치면 어떻게 될까요? Java는 컴퓨터 구조를 거의 의식하지 않고 사용할 수 있는 프로그래밍 언어입니다. 그리고 Java의 클래스 라이브러리(프로그램의 부품군)를 사용하면 알고리즘과 자료구조를 생각할 필요도 없어요. 예를 들어 스택이라는 자료구조를 사용한 프로그램을 만들 경우, 스택 본체 및 push 함수와 pop 함수를 제공해 주는 스택 클래스를 사용하면 됩니다. 스택 포인터를 사용한 구조를 알 필요가 없는 겁니다. 신입 사원은 Java를 통해 컴퓨터 구조와 알고리즘, 자료구조를 배울 수가 없겠죠.

■ C 언어를 익힌 후 Java를
   배우는 게 좋다

필자는 절대 Java를 싫어하지 않습니다. Java는 객체 지향 프로그래밍을 할 수 있는 언어고, 대규모 프로그램을 효율적으로 작성 및 유지 보수할 수 있어요. 단, 그건 실무로 프로그래밍을 할 때의 장점입니다. 컴퓨터 지식이 부족한 신입 사원에게는 Java가 아니라 C 언어를 추천합니다. C 언어는 컴퓨터 구조를 의식해 꾸준히 손수 알고리즘과 자료구조를 배치해야 하는 언어이기 때문입니다. 이 책에서도 자료구조를 설명하는 부분에서 C 언어를 사용하고 있습니다.

그래도 Java를 쓰고 싶다면 C 언어를 익힌 다음, Java를 배우는 게 어떨까요? Java는 C 언어에 객체 지향 프로그래밍의 구문을 추가한 C++라는 언어를 기반으로 개발되고 있습니다. 그 때문에 C 언어의 구문과 Java의 구문에는 공통된 부분이 많습니다. C 언어를 익히면 Java의 편리함을 이해할 수 있어 수월하게 이행할 수 있을 겁니다. 학습 시간에 제약도 있겠지만, 급할수록 돌아가라는 말도 있잖아요. C 언어를 익힌 후에 Java를 배울 것을 추천합니다.

혹시 가능할지 모르겠지만, C 언어를 공부하기 전에 딱 하루라도 좋으니 어셈블리어를 배우는 것도 강력하게 추천합니다. 어셈블리어로 컴퓨터 구조를 배우고, C 언어

로 알고리즘과 자료구조를 배운 다음, Java로 실전에서 쓸 효율적인 개발 기법을 배우는 학습 일정이 이상적이라고 생각합니다.

■ 단시간에 프로그래밍의 재미를
   배우겠다면 Python을 추천

몇 주일 동안 본격적으로 프로그래밍을 배우는 것이 아니라, 단시간에 프로그래밍을 체험하는 연수도 있을 겁니다. 이런 경우에는 C 언어나 Java가 아니라 Python을 추천합니다. Python은 프로그램을 짧게 기술할 수 있는 언어거든요. 예를 들어 화면에 "안녕하세요!"라고 표시되는 프로그램을 기술할 경우, C 언어나 Java로는 5행 정도 나오지만 Python은 1행이면 끝납니다. Python은 가볍게 프로그램을 체험하는 데 안성맞춤인 언어입니다. 이 책에서도 프로그램을 짧게 기술하고 싶은 경우에 Python을 사용하고 있습니다.

제 8 장

만들면 이해가 가는 데이러베이스

워 밍 업

본문을 읽기 전, 워밍업으로 아래 퀴즈에 도전해 보세요.

퀴즈

초급 문제

데이터베이스 용어로 '테이블'이란 무엇일까요?

중급 문제

DBMS는 무엇의 약자일까요?

상급 문제

키와 인덱스의 차이는 무엇일까요?

어떤가요? 다시 보니 간결하게 답하기 어려운 문제도 있지 않았나요?
정답과 해설은 아래에 있습니다.

정답

초급 문제 : 테이블(table)이란 표 형식으로 저장된 데이터를 말합니다.

중급 문제 : Database Management System(데이터베이스 관리 시스템)의 약자
입니다.

상급 문제 : 이벤트에 따라 프로그램 흐름이 정해지는 것입니다.

해설

초급 문제 : 테이블 하나는 여러 열과 행으로 구성됩니다. 열을 필드, 행을 레코드라고
부르기도 합니다.

중급 문제 : 시판 DBMS에는 Oracle, SQL Server, DB2 등이 있습니다. 모든 DBMS에
는 기본적으로 같은 SQL문으로 명령이 주어집니다.

상급 문제 : 레코드를 확정적으로 식별할 수 있는 필드를 기본키라고 부르고, 릴레이션
십을 위해 다른 테이블의 기본키를 필드로 가진 것을 외래키라고 부릅니
다. 인덱스는 키와는 상관이 없는 구조입니다.

지금까지 컴퓨터 구조와 프로그래밍을 설명했습니다. 이 장에서는 화제를 싹 바꿔 데이터베이스를 설명해 보려고 합니다. 여러분은 DBMS, 관계형 데이터베이스, SQL, 트랜잭션 같은 특정한 데이터베이스 용어를 들어본 적이 있을 테죠? 단, 용어의 의미는 대충 알아도 어느 한군데에서 감이 안 오는 분들도 많을 겁니다. 데이터베이스뿐만이 아니라 컴퓨터 기술은 실제로 만들어서 사용해 보지 않으면 충분히 이해하기가 힘들거든요.

여기서 데이터베이스의 개요를 설명한 다음, 간단한 데이터베이스 작성을 지면상으로 체험해 보겠습니다. 데이터베이스 용어의 의미를 이해할 뿐 아니라 생생한 지식으로 익힐 수 있을 겁니다. 데이터베이스를 작성하는 데는 다양한 수단이 있습니다. 여기서 소개할 내용은 단지 일부분에 불과하니 양해 바랍니다.

■ 데이터베이스는 데이터 기지

'데이터베이스'란 데이터(data)의 기지(base)라는 의미입니다. 기업이 비즈니스 전략을 짜는데, 사내 데이터가 이곳저곳에 흩어져 있으면 데이터 업데이트나 검색을 하는 시간이 오래 걸려 번거롭습니다. 이때 사내 데이터를 기지 한곳에 모아 정리해 두면 필요에 따라 다양한 부문의 직원들이 활용할 수 있죠. 이게 바로 데이터베이스입니다. 종이 서류로 데이터가 정리돼 있어도 데이터베이스라고 할 수 있지만, 데이터를 정리하는 데 적합한 컴퓨터를 이용하면 더욱 편리합니다. 컴퓨터는 수작업 업무를 효율화하는 도구니까요. 컴퓨터가 데이터 기지인 셈입니다.

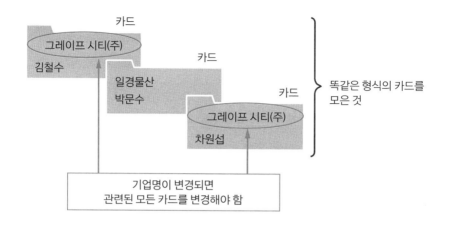

그림 8.1 카드형 데이터베이스에서 실현한 명함 데이터베이스의 이미지

컴퓨터에 데이터를 축적해 사용하기 쉽도록 정리하려면, 데이터를 어떤 형식으로 저장하면 좋을지 생각해 봐야 합니다. 수작업으로 업무를 할 때는 전표나 명함처럼 종이 한 장에 필요한 정보를 정리합니다. 이 같은 데이터 저장 형식을 그대로 컴퓨터로 치환해 실현한 것을 '카드형 데이터베이스'라고 부릅니다. 워드프로세서 문서 파일 하나에 전표 1장과 명함 1장을 기록하는 것과 같아요. 소규모 데이터베이스라면 카드형 데이터베이스로 실현할 수 있습니다. 주소록 애플리케이션이나 웹의 게시판 작성 기록 등에 카드형 데이터베이스가 사용됩니다.(그림 8.1)

단, 기업 업무에 관한 정보를 관리하는 대규모 데이터베이스를 실현하려면 카드형 데이터베이스로는 역부족입니다. 왜냐하면 각각의 카드 사이에 아무 관련성도 없어서 'A사가 B사에 상품을 판매했다.'라는 정보를 기록하기가 어렵기 때문이죠. 그림 8.1을 보면 알겠지만, 만약 기업 이름이 '그레이프 시티(주)'에서 '포도소프트웨어(주)'로 변경된다면 '그레이프 시티(주)'라는 기업명이 기록된 모든 카드를 변경하는 번거로운 작업까지 해야 합니다.

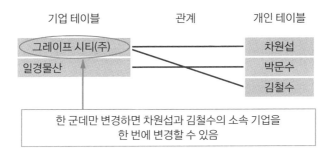

그림 8.2 관계형 데이터베이스로 구현된 명함 데이터베이스의 이미지

대규모 데이터베이스에 적합한 것은 '관계형 데이터베이스'(relational database)라는 형식입니다. 관계형 데이터베이스에서는 데이터를 여러 테이블 (table. 표)로 나눠 정리하며, 표와 표의 릴레이션십(relationship. 관계)까지 기록합니다.

데이터를 기업 테이블과 개인 테이블로 나눠 관계를 만들면 아까 한 변경 작업은 간단해집니다. 기업 테이블 내의 '그레이프 시티(주)'라는 테이블을 '포도 소프트웨어(주)'로 업데이트하기만 하면 됩니다.(그림 8.2) 상품, 고객, 매출 테이블을 관계지으면 'A사가 B사에 상품을 판매했다.'라는 정보도 기록할 수 있죠.

관계형 데이터베이스는 1970년에 미국 IBM의 에드가 코드가 고안했습니다. 현재는 데이터베이스 하면 관계형 데이터베이스를 의미할 만큼 널리 보급돼 있습니다. 이제부터 지면상에서 체험할 데이터베이스도 관계형 데이터베이스로 작성해 보겠습니다.

■ 데이터 파일, DBMS, 프로그램

데이터베이스를 작성하려면 여러분이 꼼꼼하게 모든 프로그램을 기술해도 상관은 없지만, DBMS(Database Management System. 데이터베이스 관리 시스템)라

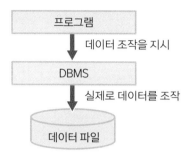

그림 8.3 DBMS는 프로그램과 데이터 파일 사이를 중개한다

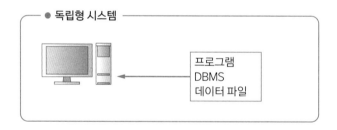

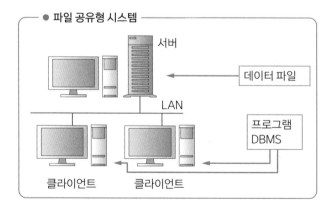

그림 8.4 데이터베이스 시스템의 형태

는 소프트웨어를 이용하는 것이 일반적입니다. Oracle, SQL Server, DB2, MySQL, PostgreSQL 등의 제품명을 들어본 적이 있을 겁니다. 이것들은 모두 DBMS입니다.

데이터베이스의 실체는 특정한 데이터 파일이지만, 여러분이 작성할 프로그램에서는 직접 데이터 파일을 읽고 쓰지 않고 DBMS가 중개하도록 한 다음 간접적으로 읽고 씁니다.(그림 8.3) DBMS는 데이터 파일을 쉽게 읽고 쓰게 해주며, 데이터를 모순 없이 안전하게 보호하는 기능도 있습니다.

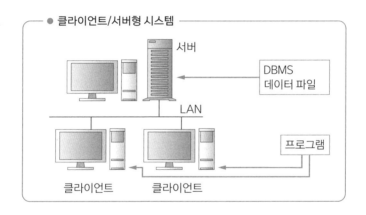

● 클라이언트/서버형 시스템

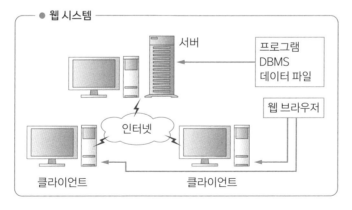

● 웹 시스템

모순 없이 안전하게 보호한다는 말이 무슨 뜻인지는 나중에 설명하기로 하고, 먼저 데이터베이스 시스템의 구성 요소를 설명해 보겠습니다. 이는 총 3가지로 '데이터 파일', 'DBMS', '프로그램'(데이터베이스를 조작하는 프로그램)입니다.

소규모 시스템에서는 PC 1대에 데이터 파일, DBMS, 프로그램이 모두 설치됩니다. 이를 '독립형 시스템'이라고 부릅니다. 중소규모의 시스템에서는 PC 1대에 데이터 파일을 두고, 그걸 DBMS와 프로그램이 설치된 PC 여러 대에서 공유합니다. 이를 '파일 공유형 시스템'이라고 부릅니다.

대규모 시스템에서는 서버 머신 1대에 데이터 파일, DBMS를 설치하고 그것을 프로그램이 설치된 PC 여러 대로 이용합니다. 이것을 '클라이언트/서버형 시스템'이라고 부릅니다. 데이터 파일과 DBMS가 설치된 PC가 서버(server. 서비스 제공자)이고, 애플리케이션이 설치된 PC가 클라이언트(client. 서비스 이용자)인 거죠. 서버와 클라이언트 사이가 인터넷으로 접속돼 있으면 '웹 시스템'입니다. 웹 시스템에서는 프로그램도 서버에 설치되고, 클라이언트 쪽은 웹 브라우저만 이용하는 것이 일반적입니다.(그림 8.4)

■ 데이터베이스 설계하기

실제로 데이터베이스를 만들어볼까요? 여기서는 PC 1대에 MySQL[1]이라는 DBMS를 사용한 독립형 시스템을 활용해 보겠습니다. 데이터베이스를 조작하는 프로그램은 MySQL Command Line Client(MySQL과 함께 설치되는 툴)를 사용합니다. 이 데이터베이스의 용도는 술집의 상품 매출 관리입니다. 친근한 예시로 분위기를 파악해 보세요.

먼저 데이터베이스를 설계합니다. 데이터베이스 설계의 첫걸음은 '뭘 알고 싶은가?'라는 관점에서 데이터를 밝혀내는 겁니다. 본인이 사용하는 데이터베이스

---

1   MySQL은 오라클사가 개발 및 제공하는 오픈소스 DBMS입니다. 기본적으로 무료로 사용할 수 있습니다.

라면 뭘 알고 싶은지 자문자답을 해보고, 프로가 고객을 위해 만드는 데이터베이스라면 뭘 알고 싶은지 고객에게 확인하세요.

여기서는 술집 상품의 매출을 관리한다 치고, 아래 데이터를 알고 싶다고 가정하겠습니다.

[술집에서 무엇을 알고 싶을까?]

-상품명
-단가
-매출 수량
-고객명
-주소
-전화번호

이 데이터로 충분한지는 데이터베이스 이용자가 판단합니다. 알고 싶은 데이터가 빠져 있으면 데이터베이스가 도움되지 않습니다. 알 필요가 없는 데이터가 포함돼 있으면 저장장치의 용량을 쓸데없이 소비할 뿐이죠.

필요한 데이터를 밝혀내면 다음 단계로 각각의 데이터 속성을 생각합니다. 데이터 속성이란 수치인지 문자열인지(데이터형), 수치면 정수인지 소수점 숫자인지, 문자열이면 최대 몇 글자인지, 널 값(데이터를 공백으로 둘 것)을 허용할지 등을 말합니다. 여기서는 그림 8.5와 같이 속성을 설정하겠습니다. 술집에서 알고 싶은 데이터에 속성을 설정한 테이블에는 '술집 테이블'이라는 이름을 붙여보겠습니다.

여기서 데이터베이스 용어를 외우세요. 테이블에 등록되는 1행의 데이터를 모은 것을 레코드(record), 레코드를 구성하는 상품명과 단가 등의 항목을 필드(field)라고 합니다. 레코드를 행이나 로(row), 필드를 열이나 컬럼(column)이라고 부를 때도 있습니다. 속성의 설정 대상은 필드입니다. 필드에는 저장되는 데이

필드	데이터형	널 값
상품명	문자열형(최대 40자)	금지
단가	정수형	금지
매출 수량	정수형	금지
고객명	문자열형(최대 20자)	금지
주소	문자열형(최대 40자)	허용
전화번호	문자열형(최대 20자)	허용

그림 8.5 필드의 속성을 설정해 술집 테이블을 작성

터를 대표하는 '필드명'을 붙입니다. 그림 8.5에서는 한 레코드를 구성하는 필드 여러 개를 정의했습니다.

■ 테이블을 분할해 정리하는 정규화

사실 현재의 테이블 상태로는 데이터베이스 운용을 할 때 문제가 발생할 수 있습니다. 현재의 테이블 상태에 시험적으로 몇 건(레코드 수는 1건, 2건 등으로 셈)의 레코드를 등록했다고 쳐봅시다.(그림 8.6)

문제는 몇 가지가 있습니다. 먼저 첫 번째 건과 두 번째 건의 레코드 사이에 '김민수, 서울시 동작구, 02-342-7455'처럼 똑같은 데이터를 여러 번 등록해야 합니다. 데이터베이스의 조작이 번거로워지고 저장장치의 용량을 낭비합니다. 다른 문제로 세 번째 건의 레코드처럼 '위스키'라고 입력해야 하는데, 실수로 '웨스키'라고 입력하면 똑같은 상품을 가리키는데도 컴퓨터상에서는 다른 상품명으로 인식하고 마는 경우도 있습니다. 이처럼 테이블이 하나뿐이면 운용상 문제가 발생할 수 있죠.

관계형 데이터베이스를 설계할 때는 이 문제들을 해결하기 위해 '정규화'라는 작업을 합니다.

술집 테이블

상품명	단가	매출 수량	고객명	주소	전화번호
일본주	2000	3	김민수	서울시 동작구	02-342-7455
위스키	2500	2	김민수	서울시 동작구	02-342-7455
웨스키	2500	1	이성철	경기도 성남시	031-8038-9647

똑같은 상품을 다른 이름으로 등록

똑같은 데이터를 여러 번 등록

그림 8.6 테이블 하나로는 문제가 발생할 수 있다

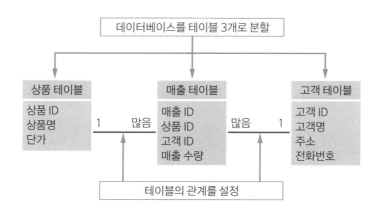

데이터베이스를 테이블 3개로 분할

상품 테이블
상품 ID
상품명
단가

1   많음

매출 테이블
매출 ID
상품 ID
고객 ID
매출 수량

많음   1

고객 테이블
고객 ID
고객명
주소
전화번호

테이블의 관계를 설정

그림 8.7 술집 데이터베이스의 정규화

정규화란 테이블을 여러 개로 나눠 각 테이블의 관계를 설정하고(테이블끼리 결합) 데이터베이스의 구조를 정리하는 것입니다. 정규화를 하면 더 좋은 데이터 베이스가 됩니다.(그림 8.7)

정규화의 포인트는 한 데이터베이스 안에 똑같은 데이터가 중복으로 기억되지 않도록 하는 것입니다. 여기서는 술집의 데이터베이스를 '상품 테이블', '고객 테이블', '매출 테이블' 이렇게 3개로 나눠 관계(선으로 연결된 부분)를 설정했습니다.

상품 테이블

상품 ID	상품명	단가
1	일본주	2000
2	위스키	2500

매출 테이블

매출 ID	상품 ID	고객 ID	매출 수량
1	1	1	3
2	2	1	2
3	2	2	1

고객 테이블

고객 ID	고객명	주소	전화번호
1	김민수	서울시 동작구	02-342-7455
2	이성철	경기도 성남시	031-8038-9647

그림 8.8 테이블 3개에 데이터를 저장한 모습

이렇게 하면 똑같은 고객의 이름, 주소, 전화번호를 여러 번 입력할 수고를 덜고, 똑같은 상품의 상품명을 잘못 입력하는 실수를 막을 수 있습니다. 테이블 3개에는 그림 8.8과 같이 데이터가 저장됩니다.

■ 테이블을 결합하는 기본키와 외래키

관계를 설정하려면 테이블과 테이블을 결합하는 필드를 추가합니다. 이때 추가할 필드를 키(key)라고 부릅니다. 먼저 각 테이블에 그 값을 알면 레코드를 특정할 수 있는 키를 추가합니다. 이 키를 기본키(primary key)라고 합니다. 고객 테이블의 '고객 ID' 필드, 매출 테이블의 '매출 ID' 필드, 상품 테이블의 '상품 ID' 필드가 기본키입니다. 기본키에는 '고객 ID' 같은 필드명을 붙이는 게 일반적인데, 이것은 기본키가 레코드를 특정하는 ID(identificaion, 식별값)로 바뀌기 때문입니다.

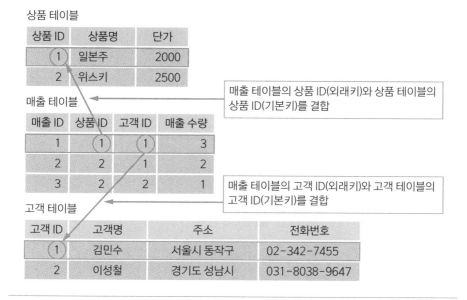

상품 테이블

상품 ID	상품명	단가
1	일본주	2000
2	위스키	2500

> 매출 테이블의 상품 ID(외래키)와 상품 테이블의 상품 ID(기본키)를 결합

매출 테이블

매출 ID	상품 ID	고객 ID	매출 수량
1	1	1	3
2	2	1	2
3	2	2	1

> 매출 테이블의 고객 ID(외래키)와 고객 테이블의 고객 ID(기본키)를 결합

고객 테이블

고객 ID	고객명	주소	전화번호
1	김민수	서울시 동작구	02-342-7455
2	이성철	경기도 성남시	031-8038-9647

그림 8.9 테이블 3개에 데이터를 저장한 모습

예를 들어 고객 테이블에서 고객 ID가 1이면, 김민수의 레코드라고 특정할 수 있습니다. 고객 ID가 2면 이성철의 레코드라고 특정할 수 있습니다. 이렇게 하면 기본키에는 다른 레코드와 중복되지 않는 값을 기록해야 합니다. DBMS는 기본 키의 값이 똑같은 레코드를 등록하려 하면 오류 표시를 띄워줍니다. 이는 DBMS 가 갖춘 기능 중 하나로 데이터를 모순 없이 안전하게 유지해 줍니다.

매출 테이블에는 고객 ID와 상품 ID라는 필드도 추가돼 있습니다. 이것들은 다른 테이블의 기본키이고, 매출 테이블에서는 '외래키'(foreign key)입니다. 똑같 은 값의 기본키와 외래키로 테이블 여러 개가 결합되면, 데이터를 줄줄이 꺼낼 수 있습니다. 예를 들어 매출 테이블의 제일 위의 행에 있는 '1,1,1,3'이라는 레코드 는 매출 ID를 1로 했을 때 고객 ID가 1인 사람이 상품 ID가 1인 상품을 3개 샀다 는 것을 표현합니다. 고객 ID가 1이면 고객 테이블을 통해 '1, 김민수, 서울시 동 작구, 02-342-7455'라는 정보를 알 수 있어요.

또 상품 ID가 1이면 상품 테이블에서 '1, 일본주, 2000'이라는 정보를 알 수 있습니다.(그림 8.9) 매출 테이블의 기본키인 매출 ID는 다른 테이블의 외래키가 되지 않았지만, 테이블에는 반드시 기본키인 필드를 설정합니다. 레코드를 특정할 수 있도록 하기 위해서죠. 필드 값 여러 개를 조합해 기본키로 설정할 수도 있습니다.

테이블 사이의 관계는 레코드와 레코드를 결합합니다. 레코드의 관계 형태는 '일대일', '다대다', '일대다'(다대일도 동일) 중 하나인데, 다대다가 되면 안 됩니다. 적어도 어느 한쪽이 일(1)이어야 외래키에서 기본키로 결합할 수 있기 때문입니다. 만약 술집의 데이터베이스를 고객 테이블과 상품 테이블만으로 나누면 테이블 둘 사이의 관계는 다대다입니다. 고객 1명이 상품 여러 개를 사고, 상품 1개가 여러 고객에게 선택받기 때문이죠.

관계가 다대다가 되는 경우라면 테이블 둘 사이에 또 하나의 테이블을 추가해, 일대다 관계 둘로 나눌 수 있습니다.(그림 8.10) 이와 같은 테이블을 링크 테이블(link table)이라고 부릅니다. 술집 데이터베이스에서 매출 테이블은 링크 테이블이 됩니다.

DBMS에는 '참조 무결성'을 점검하는 기능이 있습니다. 이것도 데이터를 모순 없이 안전하게 유지하는 시스템 중 하나입니다. 예를 들어 술집의 현 데이터베이스에 있는 상품 테이블에서 '일본주'의 레코드를 삭제했다고 치죠. 이렇게 하면 매출 테이블에서 일본주를 산 레코드를 봐도 뭘 샀는지 알 수 없습니다. 참조 무결성을 유지하도록 설정해 두면, 애플리케이션에서 이렇게 조작했을 때 DBMS가 조작을 거부합니다.(그림 8.11)

만약 여러분이 작성하는 프로그램에서 직접 데이터 파일을 읽고 쓰면, 기본 키에 똑같은 수치를 가지는 레코드를 등록하거나 참조 무결성을 유지하지도 않고 레코드를 삭제하는 조작을 마음대로 할 수 있을 테죠. 이런 일을 미연에 방지해

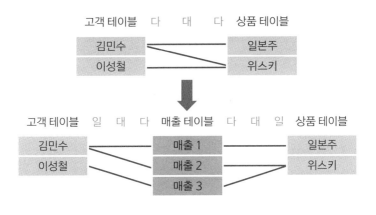

그림 8.10 다대다는 일대다 둘로 분할할 수 있다

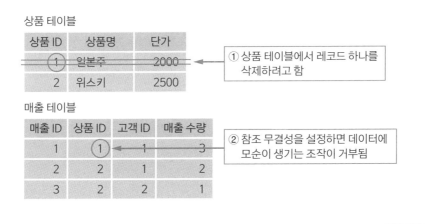

그림 8.11 참조 무결성을 설정하면 데이터에 모순이 발생하는 조작이 거부된다

주는 DBMS는 실로 편리한 시스템입니다.

■ 데이터의 검색 속도를 향상하는 인덱스

DBMS의 기능 중 하나로 테이블의 각 필드에 인덱스(index)를 설정할 수 있습니다. 인덱스는 키와 혼동하기 쉽지만, 전혀 다른 것입니다. 인덱스는 데이터의

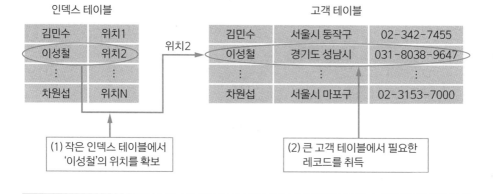

그림 8.12 인덱스 테이블이 있으면 단시간에 검색을 할 수 있다

검색 속도를 향상하는 내부 시스템입니다.

필드에 인덱스를 설정하면 그 필드를 위한 인덱스 테이블이 자동으로 작성됩니다. 인덱스 테이블은 필드의 값과 그 필드를 가진 레코드의 위치를 나타냅니다. 예를 들어 고객 테이블의 고객명 필드에 인덱스를 설정하면 '고객명'과 '위치'(필드상의 위치)라는 필드 2개를 가진 인덱스 테이블이 작성됩니다.(그림 8.12) 인덱스 테이블은 원래 테이블(고객 테이블)에 비해 필드 수가 적기 때문에, 빠르게 검색할 수 있습니다. 인덱스 테이블에서 검색을 한 다음, 원래 테이블의 레코드를 추출합니다. 인덱스의 뜻은 '색인'입니다. 데이터베이스의 인덱스도 서적의 색인과 마찬가지로 원하는 데이터를 효율적으로 찾아내기 위한 시스템이지요.

검색 속도가 향상되면 모든 테이블의 모든 필드에 인덱스를 설정해야겠다고 생각하겠지만, 꼭 그래야 하는 것은 아닙니다. 인덱스를 설정하면 테이블에 레코드가 등록될 때마다 인덱스 테이블을 업데이트해야 하거든요.

검색 속도가 향상되는 대신, 등록 속도가 떨어지는 거죠. 따라서 그 필드를 대상으로 빈번하게 검색할 때만 인덱스를 설정해야 합니다. 술집 데이터베이스의 경우, 고객 테이블의 고객명 필드 및 상품 테이블의 상품명 필드에만 인덱스를 설정해도 충분합니다. 만약 레코드 건수가 최대 수천 건 정도인 데이터베이스라면, 인덱스를 전혀 설정하지 않아도 느리다는 느낌은 들지 않을 겁니다.

■ DBMS에 테이블 작성을 지시하는 SQL문

MySQL Command Line Client라는 프로그램을 이용해 실제로 데이터베이스를 작성해 보겠습니다. 프로그램에서 DBMS에 지시를 내리는데, 이때 SQL(Structured Query Language)이라는 언어를 사용합니다. SQL의 규격은 ANSI(American National Standards Institute. 미국규격협회)와 ISO(International Organization for Standardization. 국제표준화기구)에서 표준화했기 때문에 어느 DBMS 제품이라도 기본적으로 같은 구문의 SQL을 사용할 수 있습니다. 단, DBMS 제품에 따라 몇 가지 고유한 명령이 있습니다.

MySQL Command Line Client를 켜면 맨 처음 데이터베이스를 신규 작성하는 명령과 그 데이터베이스를 사용하는 명령을 실행합니다. 여기서는 sample이라는 이름의 데이터베이스를 작성합니다. /*과 */ 사이에 넣은 문자열은 주석입니다.

```
/ * sample 데이터베이스를 작성 * /
CREATE DATABASE sample;
```

```
/ * sample 데이터베이스를 사용 * /
USE sample;
```

SQL로 기술된 명령을 SQL문이라고 부릅니다. SQL문은 알파벳 대문자와 소문자를 구별하지 않습니다. 여기서 보여드리는 SQL문은 이해하기 쉽도록 SQL

로 의미가 정해진 단어를 모두 대문자로 표현하겠습니다.

SQL문의 구문은 영어와 같습니다. 구문을 자세히 설명하지 않아도, 영어라고 생각하면 대충 의미를 이해하겠죠? (여기서는 SQL문의 분위기를 파악하면 됩니다.) SQL문에는 처리의 흐름이 없습니다. MySQL Command Line Client에서는 SQL문을 입력해 끝에 세미콜론을 찍고(세미콜론이 명령 끝의 표식), 엔터키를 치면 명령을 실행할 수 있습니다.(그림 8.13)

데이터베이스를 작성하면 그 안에 테이블을 작성합니다. 상품 테이블, 고객 테이블, 매출 테이블은 각각 Item, Customer, Sales라고 이름을 붙입니다. 187쪽은 테이블을 작성하는 SQL문입니다. 긴 SQL이기 때문에 도중에 줄 바꿈을 했습니다. INT는 정수형(Integer. 정수)을 의미합니다.

VARCHAR는 문자열형(variable character. 가변 길이 문자열)을 의미해 괄호 안에 최대 문자 수를 지정합니다. PRIMARY KEY는 기본키를 의미합니다. NOT NULL은 널 값을 금지함을 의미합니다.

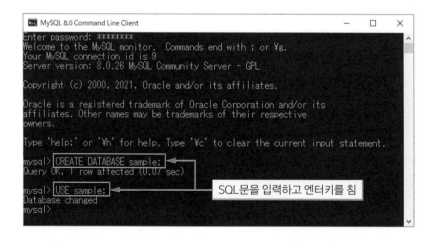

그림 8.13 MySQL Command Line Client로 SQL문을 실행한다

```
/ * Item 테이블을 작성 * /
CREATE TABLE Item (
  item_id INT PRIMARY KEY,              / * 상품 ID * /
  item_name VARCHAR(40) NOT NULL,       / * 상품명 * /
  price INT NOT NUL                     / * 단가 * /
);


/ * Customer 테이블을 작성 * /
CREATE TABLE Customer (
  customer_id INT PRIMARY KEY,          / * 고객 ID * /
  customer_name VARCHAR(20) NOT NULL,   / * 고객명 * /
  address VARCHAR(40),                  / * 주소 * /
  phone VARCHAR(20)                     / * 전화번호 * /
);


/ * Sales 테이블을 작성 * /
CREATE TABLE Sales (
  sales_id INT PRIMARY KEY,             / * 매출 ID * /
  item_id INT NOT NULL,                 / * 상품 ID * /
  customer_id INT NOT NULL,             / * 고객 ID * /
  sales_volume INT NOT NULL             /* 매출 수량 */
);
```

■ DBMS에 CRUD를 지시하는 SQL문

데이터베이스와 테이블을 작성했으니, 데이터베이스를 사용해 보겠습니다. 데이터베이스 조작의 종류는 CRUD라고 불리는데요. CRUD는 레코드의 생성(CREATE), 조회(READ), 갱신(UPDATE), 삭제(DELETE)의 영문 앞 글자를 딴 말입니다. 데이터베이스를 조작하는 프로그램은 SQL문을 DBMS에 입력해 레코드의 CURD를 할 수 있으면 됩니다.

SQL에서는 각각의 CRUD를 INSERT(삽입), SELECT(선택), UPDATE(갱신), DELETE(삭제)라는 명령으로 표현합니다. CREATE가 아니라 INSERT라는 점, READ가 아니라 SELECT라는 점에 주의하세요.

아래는 Item 테이블에 2건, Customer 테이블에 2건, Sales 테이블에 3건의 레코드를 등록하는 SQL문입니다. 등록하는 레코드는 지금까지 설명했던 것과 똑같은 내용입니다.

```
/ * Item 테이블에 레코드 2건을 등록 * /
INSERT INTO Item VALUES(1, '일본주', 2000);
INSERT INTO Item VALUES(2, '위스키', 2500);


/ * Customer 테이블에 레코드 2건을 등록 * /
INSERT INTO Customer VALUES(1, '김민수',
'서울시 동작구', '02-342-7455');
INSERT INTO Customer VALUES(2, '이성철',
'경기도 성남시', '031-8038-9647');


/ * Sales 테이블에 레코드 3건을 등록 * /
```

```
INSERT INTO Sales VALUES(1, 1, 1, 3);

INSERT INTO Sales VALUES(2, 2, 1, 2);

INSERT INTO Sales VALUES(3, 2, 2, 1);
```

테이블 3개에 저장된 레코드를 결합해 데이터를 읽어보죠. 아래는 매출의 일람을 확인할 수 있는 SQL문입니다. 긴 SQL문이라 중간에 줄 바꿈을 했습니다.

```
/ * 매출 일람을 확인할 수 있는 SQL문 * /
SELECT item_name, price, sales_volume,
customer_name, address, phone
FROM Item
JOIN Sales ON Sales.item_id = Item.item_id
JOIN Customer ON Sales.customer_id = Customer.customer_id;
```

SELECT item_name, price, sales_volume, customer_name, address, phone은 상품명, 단가, 매출 수량, 고객명, 주소, 전화번호를 조회하라는 뜻이고, FROM Item은 '상품 테이블에서'라는 뜻입니다. JOIN Sales ON Sales.item_id＝Item.item_id와 JOIN Customer ON Sales.customer_id＝Customer.customer_id;은 '매출 테이블의 상품 ID가 상품 테이블의 상품 ID와 같고 매출 테이블의 고객 ID가 고객 테이블의 고객 ID와 같다는' 뜻입니다. 이처럼 어떤 테이블의 외래키와 다른 테이블의 기본키를 연결하면, 테이블 여러 개에 저장된 레코드를 결합할 수 있습니다. 이 SQL문의 실행 결과를 그림 8.14에 표현해 보겠습니다. 데이터를 조회하는 SQL문을 실행하면 취득된 데이터가 표시됩니다.

SQL에는 여기서 설명한 것 이외에도 데이터 집계, 정렬, 그룹 분류 등 다양한

```
+-----------+-------+--------------+---------------+--------------+-----------------+
| item_name | price | sales_volume | customer_name | address      | phone           |
+-----------+-------+--------------+---------------+--------------+-----------------+
| 일본주    | 2000  |            3 | 김민수        | 서울시 동작구 | 02-342-7455     |
| 위스키    | 2500  |            2 | 김민수        | 서울시 동작구 | 02-342-7455     |
| 위스키    | 2500  |            1 | 이성철        | 경기도 성남시 | 031-8038-9647   |
+-----------+-------+--------------+---------------+--------------+-----------------+
```

그림 8.14 매출 일람이 나온 SQL문의 실행 결과

기능이 있습니다. 관심이 있는 분들은 SQL 해설서에서 찾아보는 것을 추천합니다. 본인 PC에 DBMS를 설치해 SQL문을 실행해 보세요.

■ 트랜잭션 제어도 DBMS에 맡길 수 있다

마지막으로 DBMS가 가진 고도의 기능인 '트랜잭션 제어'를 소개하겠습니다. 사용자 시점에서 본 데이터베이스에 대한 처리를 하나로 묶은 것을 트랜잭션 (transaction)이라고 부릅니다. 트랜잭션 하나가 SQL문 여럿을 실행하는 경우가 자주 있습니다. 은행 이체 처리를 예로 들어볼게요. 이체는 사용자 시점에서 봤을 때 1가지 처리, 즉 트랜잭션입니다. 그것을 실현하려면 SQL문을 여럿 실행해야 합니다. A의 계좌에서 B의 계좌로 10,000원을 이체한다고 치죠. 이 경우에는 적어도 'A의 계좌 잔액을 –10,000으로 처리한 값으로 업데이트함'(UPDATE 명령)과 'B의 계좌 잔액을 +10,000으로 처리한 값으로 업데이트함'(UPDATE 명령)이라는 SQL문 둘을 DBMS에 입력합니다.

SQL문 둘에서 트랜잭션 하나가 실현됩니다. 첫 번째 SQL문을 실행한 후 특정한 이상이 발생해 두 번째 SQL문을 실행하지 못하면 어떻게 될까요? A의 계좌 잔액이 –10,000으로 됐는데 B의 계좌 잔액이 +10,000으로 되지 않은 모순이 발생하죠. 이 문제를 방지하기 위해 SQL에는 DBMS에 트랜잭션 시작을 알리는 BEGIN(비긴), 트랜잭션 종류(처리 확정)를 알리는 COMMIT(커밋), 이상이 발생

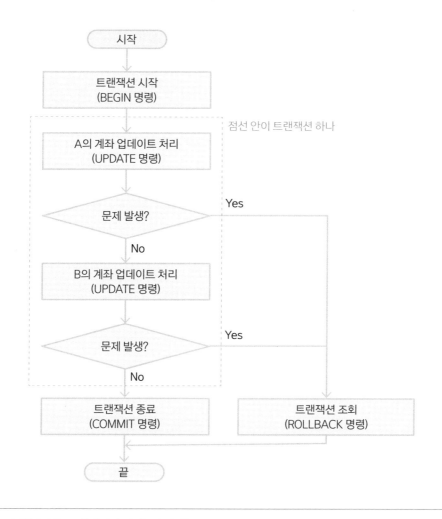

그림 8.15 트랜잭션의 비긴, 커밋, 롤백

했을 때 트랜잭션 시작 전 상태로 데이터베이스의 내용을 되돌리는 ROLLBACK (롤백)이라는 명령이[2] 준비돼 있습니다.(그림 8.15)

트랜잭션 제어라는 고도의 기능도 DBMS를 이용하면 직접 만들 필요가 없죠. DBMS는 정말 편리한 프로그램입니다.

2   트랜잭션에 관한 SQL 명령은 DMBS 종류에 따라 약간 차이가 있습니다. 여기서는 MySQL의 명령을 소개합니다.

기업이 이용하는 업무 시스템 대부분은 데이터베이스를 이용합니다. 평소에 여러분이 이용하는 인터넷 검색 페이지나 쇼핑 사이트 등도 실체는 데이터베이스입니다. 데이터베이스 지식은 컴퓨터를 활용하는 데 필수라고 할 수 있습니다.

학습 목적이라면 PC에 DBMS를 설치해 사용하기도 하지만, 실용적인 데이터베이스에서는 서버에 설치된 DBMS를 네트워크 경유로 사용합니다. 데이터베이스를 사용하려면 네트워크 지식도 필요한데요. 그런 의미에서 제9장에서는 '네트워크'를 설명하려고 합니다.

제 9 장

네트워크 명령으로
네트워크 시스템을 확인

워밍업

본문을 읽기 전, 워밍업으로 아래 퀴즈에 도전해 보세요.

퀴즈

초급 문제

LAN은 무엇의 약자일까요?

중급 문제

TCP/IP는 무엇의 약자일까요?

상급 문제

MAC 주소는 무엇일까요?

어떤가요? 다시 보니 간결하게 답하기 어려운 문제도 있지 않았나요?
정답과 해설은 아래에 있습니다.

정답

초급 문제 : LAN은 Local Area Network의 약자입니다.

중급 문제 : TCP/IP는 Transmission Control Protocol/Internet Protocol의
약자입니다.

상급 문제 : MAC 주소는 이더넷의 식별 변호입니다.

해설

초급 문제 : 한 건물 또는 한 사무실 안에서 소규모로 구축한 네트워크를 LAN이라고
부릅니다. 그에 비해 인터넷처럼 대규모 네트워크를 WAN(Wide Area
Network)이라고 부릅니다.

중급 문제 : TCP/IP는 인터넷에서 사용하는 프로토콜입니다. TCP/IP라는 이름은 TCP
프로토콜과 IP 프로토콜을 함께 사용함을 의미합니다.

상급 문제 : 이더넷은 LAN에서 사용하는 프로토콜입니다. 이더넷에서는 데이터 송신
자와 수신자를 MAC 주소로 식별합니다.

여러분은 웹 페이지를 열람하거나 메일을 보내며 당연하다는 듯 인터넷을 이용하고 있을 겁니다. 여러 컴퓨터를 연결해 정보를 교환하는 시스템을 네트워크(network)라고 부릅니다. 네트워크의 일종인 인터넷은 멀리 떨어진 컴퓨터를 연결한 케이블이 그물(net)처럼 얽혀 있죠.

네트워크 케이블을 이용해 정보를 전기신호로 전달하기 때문에 컴퓨터끼리 정보를 교환할 수 있지만, 그러려면 송신자와 수신자 사이에서 정보를 보내는 방법을 규약으로 정해야 합니다. 이 규약을 프로토콜(protocol)이라고 합니다. 사내 네트워크에서 인터넷에 접속할 때 표준이 되는 프로토콜은 TCP/IP입니다.

아차, 이런 식으로 이야기하면 더 어려워지겠네요. '네트워크는 사용하면 되는 것이고, 시스템 같은 건 몰라도 된다.'라고 생각할지도 모르겠지만, 시스템을 이해하면 더 편리하게 네트워크를 사용할 수 있을 겁니다. Windows에 표준으로 장비된 네트워크 명령을 사용해 네트워크 시스템을 확인해 볼까요?

■ 네트워크 명령이란?

네트워크 명령이란 네트워크의 설정이나 상태를 확인하는 작은 프로그램입니다. Windows에는 몇 가지 네트워크 명령이 표준으로 갖춰져 있습니다. 표 9.1에 주요 네트워크 명령의 종류를 보여드리겠습니다. 네트워크 명령들은 Windows의 명령 프롬프트로 실행합니다.

이후에는 그림 9.1에 표현한 네트워크 환경에서 몇 가지 네트워크 명령을 사용합니다. 이것은 필자 자택의 네트워크 환경입니다. 여러분의 자택도 비슷한 환경

표 9.1 Windows에 표준으로 갖춰진 주요 네트워크 명령

커맨드	기능
ipconfig	네트워크 설정을 확인
ping	통신 상대에게 응답을 요구
tracert	통신 상대에게 이어지는 경로를 조사
nslookup	DNS 서버에 질의
netstat	통신 상태를 확인
arp	ARP 테이블의 내용을 확인

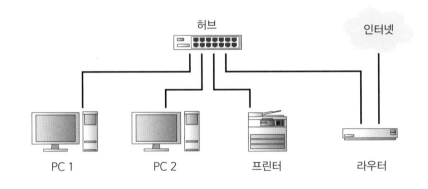

그림 9.1 필자 자택의 네트워크 환경

일 테니, 네트워크 명령을 사용해 보세요.

PC 1, PC 2, 프린터, 라우터(router)의 케이블은 허브(hub)라고 불리는 집선 장치를 통해 서로서로 접속됩니다. 이게 필자 자택의 네트워크입니다. 라우터는 자택의 네트워크를 인터넷에 접속하는 장치예요. 라우터에는 인터넷에 접속하는 케이블도 있습니다.

이처럼 자택이나 기업 내의 네트워크를 LAN(Local Area Network)이라고 부릅니다. 그와 달리 인터넷처럼 기업과 기업 사이를 연결하는 네트워크는

WAN(Wide Area Network)이라고 부릅니다. 라우터가 LAN을 WAN으로 연결합니다. 라우터의 끝은 프로바이더(provider. 인터넷 서비스 제공자)의 라우터에 연결돼 있지요.

프로바이더의 라우터에서 시작된 그 끝은 또 다른 라우터로 다른 프로바이더나 기업에 연결돼 있습니다. 자택이나 기업 내의 LAN을 한 단위로 삼아, 그것을 프로바이더의 라우터로 다른 LAN과 연결하고, 이를 전 세계로 확장한 것이 바로 인터넷입니다. LAN이라는 작은 네트워크가 연결돼 큰 네트워크가 된 것이죠.

■ 확인 1 : MAC 주소를 본다

LAN과 WAN에서는 프로토콜(규약)이 다릅니다. 프로토콜이 다르면 송신자와 수신자의 식별 번호도 달라요. LAN의 프로토콜로 자주 쓰이는 이더넷(Ethernet)이라는 프로토콜에서는 MAC(Media Access Control. 맥) 주소라고 불리는 식별 번호를 씁니다. ipconfig라는 네트워크 명령을 사용해 MAC 주소를 보도록 하죠.

Windows의 '시작' 버튼을 클릭하면 표시되는 메뉴에서 Windows 시스템→명령 프롬프트를 선택하세요. 새까만 화면의 창이 열릴 겁니다. 이게 명령 프롬프트입니다. 명령 프롬프트는 키보드로 문자열로 된 명령(커맨드)을 입력하기 위한 것입니다. 문자열 끝에 엔터키를 치면 명령이 실행됩니다. 명령 프롬프트가 열리면 다음과 같은 명령을 실행하세요.

```
ipconfig/all
```

이 명령을 실행하면, 다양한 정보[1]가 뜰 겁니다. 표시된 정보에서 '물리적 주소'

1　유선 LAN을 사용하는 경우에는 '이더넷 어댑터 이더넷' 뒤에 표시된 정보를, Wi-Fi를 사용하는 경우에는 Wireless LAN adapter Wi-Fi 뒤에 표시된 정보를 확인하세요.

```
물리적 주소 . . . . . . . . . . . . . . : 00-00-EF-57-CC-07
```

그림 9.2 ipconfig로 확인한 MAC 주소

라고 나온 부분이 있습니다. 하이픈으로 구분된 '00-00-EF-57-CC-07'이라는
번호에 주목하세요.(그림 9.2) 이게 MAC 주소입니다.[2]

MAC 주소는 다 합쳐 48비트의 수치입니다. 하이픈을 이용해 8비트씩 6개로
나눠 각 수치를 16진수로 표현해 봤습니다. 8비트의 2진수는 두 자릿수의 16진수
가 됩니다. MAC 주소는 네트워크의 하드웨어에 할당돼 있습니다. MAC 주소의
상위 24비트(여기서는 00-00-EF)가 하드웨어 제조업체의 식별 번호이며, 하위
24비트가 제품 기종과 시리얼 번호(여기서는 57-CC-07)입니다. 똑같은 제조업체
에서 똑같은 시리얼 번호의 제품은 만들지 않기 때문에 MAC 주소는 세상에 딱
하나밖에 없는 번호입니다.

■ 확인 2 : IP 주소와 서브넷 마스크를 본다

MAC 주소는 하드웨어 식별 번호지만, 그것만으로 식별하기는 번거롭습니다.
왜냐하면 기업 단위로 MAC 주소의 상위 자릿수를 모으는 그룹화를 할 수 없기
때문입니다. 인터넷같이 전 세계의 컴퓨터를 연결한 대규모 네트워크에서는 데이
터의 송신자와 수신자를 우편번호처럼 가지런히 그룹화해 식별하는 시스템이 필
요합니다. 만약 MAC 주소 하나로 인터넷을 구현하면 어떻게 될까요?

---

2 ipconfig가 표시하는 정보에는 Windows 버전에 따라 약간 차이가 있습니다. 여기서는 Windows 10 Pro를 사
용합니다. 또한 이 책에서 보여주는 MAC 주소나 IP 주소 등은 가공의 수치입니다. 보안 관점에서 봤을 때 네트워크
정보를 함부로 공개하는 건 옳지 않기 때문입니다.

인터넷에 접속 중인 방대한 수의 컴퓨터에는 몇 개의 그룹화돼 있지 않은 식별 번호(MAC 주소)가 있는 게 다입니다. 데이터 송신처를 찾는 데 엄청나게 많은 시간이 걸리고 마니까요.

이 때문에 인터넷에서 사용하는 IP라는 프로토콜에서는 소프트웨어 식별 번호인 'IP 주소'를 설정하고 있습니다. MAC 주소는 미리 하드웨어에 설정한 번호이기 때문에, 기본적으로 나중에 변경할 수 없습니다. 그에 비해 IP 주소는 상황에 맞춰 임의로 설정할 수 있죠. 네트워크에 접속된 PC나 프린터 등에는 MAC 주소와 IP 주소 양쪽이 설정돼 있습니다. LAN용이 MAC 주소고, WAN용(인터넷용)이 IP 주소입니다.

IP 주소[3]는 다 합쳐 32비트의 수치입니다. 그걸 8비트씩 도트(.)로 나눠 각각 10진수로 표현합니다. 8비트의 2진수는 0~255의 10진수가 됩니다. 따라서 IP 주소로 사용할 수 있는 식별 번호는 다 합쳐 0.0.0.0~255.255.255.255의 4,294,967,296가지입니다.

IP 주소의 상위 자릿수는 네트워크의 식별 번호(LAN의 식별 번호)라 '네트워크 주소'라고 부릅니다. 하위 자릿수는 호스트의 식별 번호라 '호스트 주소'라고 부르죠. 호스트란 통신 기능을 갖춘 PC, 프린터, 라우터 등의 기기를 말합니다. IP 주소의 상위 자릿수와 하위 자릿수의 구분을 나타내는 방법은 나중에 설명하겠습니다.

PC에 설정된 IP 주소를 확인해 볼까요? 아까 ipconfig/all을 실행해 확인한 정보에서 'IPv4 주소'라고 표시된 부분에 있는 192.168.0.27이 IP 주소입니다.

또 '서브넷 마스크'라고 표시된 부분에 있는 255.255.255.0에도 주목하세요.(그림 9.3) 서브넷 마스크는 32비트짜리 IP 주소의 상위 자릿수와 하위 자릿수

---

3 현재는 32비트의 IPv4(IP version 4)라는 형식의 IP 주소와 128비트의 IPv6(IP version 6)라는 형식의 IP 주소가 병용되고 있습니다. 이 책에서는 IPv4의 IP 주소만 다룹니다.

```
IPv4 주소 . . . . . . . . . . . . . . : 192.168.0.27
서브넷 마스크 . . . . . . . . . . . . : 255.255.255.0
```

그림 9.3 ipconfig에서 확인한 IP 주소와 서브넷 마스크

의 구분을 표현합니다. 255.255.255.0이라는 서브넷 마스크를 2진수로 나타내면 이렇습니다.

11111111.11111111.11111111.00000000

1이 나열된 행이 네트워크 주소고, 0이 나열된 행이 호스트 주소입니다. 따라서 255.255.255.0이라는 서브넷 마스크는 IP 주소의 상위 24비트가 네트워크 주소고, 하위 8비트가 호스트 주소라는 것을 표현합니다.

8비트로 표현한 수치는 00000000~11111111까지 256가지입니다. 이 중에서 임의 수치를 선택해 호스트 주소로 설정합니다. 단, 모든 게 0인 00000000과 모든 게 1인 11111111은 호스트 주소로 사용할 수 없다고 약속돼 있습니다.[4] 이 때문에 필자의 자택에는 00000001~11111110의 호스트 주소를 설정해 최대 254 대의 호스트를 둘 수 있지요.

■ 확인 3 : DHCP 서버의 역할을 이해한다

IP 주소와 서브넷 마스크는 소프트웨어로 설정하는 것입니다. Windows의 '설정 애플리케이션'을 사용해 이것들을 직접 임의의 수치로 설정할 수도 있지만, 대

---

4 모두 0인 호스트 주소는 네트워크 주소만 표시합니다. 모두 1인 호스트 주소는 LAN 내의 모든 호스트를 수신처로 데이터를 보내는 브로드캐스트(동보통신)로 사용됩니다.

부분 자동 설정을 이용합니다. 직접 설정하다가 실수할 수 있기 때문이죠.

아까 ipconfig/all을 실행해 확인한 정보에서 'DHCP 사용'과 'DHCP 서버' 부분에 주목하세요. 대부분 'DHCP 사용'이 '예'로 돼 있고 'DHCP 서버'의 IP 주소가 표시돼 있을 겁니다.(그림 9.4)

DHCP는 Dynamic Host Configuration Protocol(동적으로 호스트를 설정하는 프로토콜)이라는 뜻입니다. DHCP 서버는 DHCP의 프로토콜을 사용해 호스트에 IP 주소와 서브넷 마스크 등을 자동으로 설정합니다. DHCP 서버는 LAN 안의 컴퓨터에 할당되는 IP 주소의 범위와 서브넷 마스크의 수치 등을 기억합니다. 새로운 호스트를 LAN에 접속하면 DHCP 서버는 사용할 수 있는 IP 주소를 임대해 할당합니다.

ipconfig/all을 실행해서 확인한 정보에 있는 '기본 게이트웨이'와 'DNS 서버'에도 주목하세요. 이 IP 주소들이[5] 표시됐을 겁니다.(그림 9.5)

기본 게이트웨이는 LAN과 인터넷을 잇는 최초의 라우터입니다. DNS 서버의 역할은 도메인명[6]에 대응하는 IP 주소를 알려주는 서버입니다.(확인 6에서 자세히 설명하겠습니다.) 이 정보들도 DHCP 서버가 호스트에 자동으로 설정합니다.

```
DHCP 사용 . . . . . . . . . . . .  : 예
  . . .
DHCP 서버 . . . . . . . . . . . .  : 192.168.0.1
```

그림 9.4 ipconfig에서 확인한 DHCP 사용과 DHCP 서버의 IP 주소

5   기본 게이트웨이와 DNS 서버의 IP 주소는 IPv6과 IPv4 양쪽의 형식으로 표시됩니다.

6   도메인명이란 웹 서버를 식별하는 이름으로 www.naver.com이나 xxx@naver.com이라는 메일 주소에서 naver.com에 해당하는 부분입니다.

```
기본 게이트웨이 . . . . . . . . . . : 192.168.0.1
 . . .
DNS 서버 . . . . . . . . . . . : 192.168.0.1
```

그림 9.5 ipconfig에서 확인한 기본 게이트웨이와 DNS 서버의 IP 주소

자택의 LAN에서는 기본 게이트웨이, DHCP 서버, DNS 서버의 IP 주소가 모두 똑같죠? 필자의 자택에서 쓰는 LAN은 모두 192.168.0.1입니다. 이는 기본 게이트웨이인 라우터가 DHCP 서버와 DNS 서버의 기능을 하기 때문입니다. 소규모 자택의 LAN이라면 이대로도 문제가 없습니다. 대규모 기업의 LAN이라면 라우터는 물론이고 그와는 별개로 DHCP 서버와 DNS 서버의 역할을 하는 컴퓨터를 각각 준비하는 것이 일반적입니다.

■ 확인 4 : 기본 게이트웨이에 PING을 보낸다

이번에는 ping이라는 네트워크 명령을 사용해 보겠습니다. ping은 통신 상대에게 응답을 요구합니다. 응답이 늦어지면 통신 상대가 동작 중인지 여부를 확인할 수 있습니다. 여기서는 LAN 안의 기본 게이트웨이(최초의 라우터)에 PING을 보내겠습니다.

'PING'을 보낸다는 것은 ping 명령으로 통신 상대의 작동을 확인한다는 뜻입니다. 아래와 같이 명령 프롬프트로 ping 뒤를 스페이스로 띄고 기본 게이트웨이의 IP 주소(여기서는 192.168.0.1)를 지정하면 PING이 보내집니다.

```
ping 192.168.0.1
```

```
192.168.0.1에서 온 응답 : 바이트 수=32 시간<1ms TTL=64
192.168.0.1에서 온 응답 : 바이트 수=32 시간<1ms TTL=64
192.168.0.1에서 온 응답 : 바이트 수=32 시간<1ms TTL=64
192.168.0.1에서 온 응답 : 바이트 수=32 시간<1ms TTL=64
```

그림 9.6 ping으로 확인한 라우터의 응답

PING에 응답이 있으면 라우터는 작동합니다. PING은 연달아 4번 보내지기 때문에 응답이 4번 올 겁니다.(그림 9.6)

'바이트 수=32'는 통신 상대에게 보낸 데이터 크기입니다. 디폴트로 데이터 32바이트를 보내기 때문에 이를 잘 수신하고 있다는 것을 알 수 있습니다. '시간 <1ms'는 응답에 필요한 시간입니다. 똑같은 LAN의 라우터라 1ms(밀리초) 이내 라는 짧은 시간이 걸리죠. TTL=64는 Time to Live(생존 시간)라는 뜻입니다. TTL에 관한 이야기는 다음 확인 5에서 자세히 설명하겠습니다.

■ 확인 5 : TTL의 역할을 이해한다

ping의 응답으로 돌아온 TTL의 역할을 설명해 보겠습니다. 인터넷에 보내진 데이터는 라우터 몇 개를 거쳐 수신자에게 도착합니다. 만약 수신자가 존재하지 않는다면 어떻게 될까요?

데이터는 수신자를 찾아 영원히 인터넷을 헤매고 또 헤맵니다. 이 문제를 방지 하려면 어느 정도의 수만큼 라우터를 거쳐도 수신자에게 도달하지 못한 경우에 는 수신자가 존재하지 않는 걸로 간주해 데이터를 파기하도록 설정해야 합니다. 그 수를 지정한 것이 TTL입니다.

아까 예시에서는 TTL=64로 돼 있었는데요. 이는 PING을 보낸 기본 게이트 웨이가 응답으로 돌려보낸 TTL 값입니다. 기본 게이트웨이와 PC는 직접 연결돼 있으므로 TTL 값은 줄어들지 않습니다. 따라서 TTL=64는 기본 게이트웨이가 설정한 TTL의 초깃값입니다.

TTL 값은 라우터를 하나 거칠 때마다 하나씩 줄어들다가 0이 되면 데이터를 파기하도록 설정돼 있습니다. 그렇게 해서 데이터가 영원히 인터넷을 헤매는 것을 방지합니다. 이게 TTL의 역할이죠.

라우터를 거치면 TTL 값이 줄어드는 것을 확인해 볼까요? 그러려면 LAN이 아니라 인터넷상의 호스트에 PING을 보내면 됩니다. 여기서는 그 예로 구글의 웹 서버에 PING을 보내보겠습니다. 구글 웹 서버의 도메인명은 www.google.com입니다. 아래와 같이 ping 뒤를 스페이스로 띄고 도메인명을 지정하면 PING이 보내집니다. IP 주소가 아니라 도메인명을 지정할 수 있는 시스템은 확인 6에서 설명하겠습니다.

```
ping www.google.com
```

그림 9.7이 PING을 보낸 결과로 구글 웹 서버에서 돌아온 응답입니다. TTL의 초깃값은 사용 중인 OS나 설정에 따라 차이가 있는데 64, 128, 255 등이 있습니다. 가령 구글 웹 서버는 TTL의 초깃값이 128로 알려져 있는데 응답이 TTL=116이기 때문에, 128-116=12대의 라우터를 거친 것으로 추측됩니다.(그림 9.8)

```
172.217.161.196의 응답 : 바이트=32 시간=34ms TTL=116
172.217.161.196의 응답 : 바이트=32 시간=34ms TTL=116
172.217.161.196의 응답 : 바이트=32 시간=34ms TTL=116
172.217.161.196의 응답 : 바이트=32 시간=34ms TTL=116
```

그림 9.7 구글 웹 서버에서 돌아온 응답

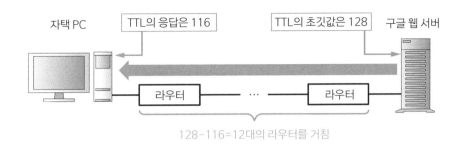

자택 PC | TTL의 응답은 116 | TTL의 초깃값은 128 | 구글 웹 서버

라우터 … 라우터

128-116=12대의 라우터를 거침

그림 9.8 TTL 값으로부터 경유한 라우터 수를 추측한다

■ 확인 6 : DNS 서버의 역할을 이해한다

아까 확인 5에서 PING의 수신처에 IP 주소가 아니라 웹 서버 도메인명을 지정한 시스템에 관해 설명하겠습니다. 인터넷상에는 도메인명과 IP 주소의 대응을 기억하는 DNS(Domain Name System) 서버가 있습니다. ping www.google.com처럼 도메인명을 지정하면 PING을 보내기 전에 DNS 서버에 www.google.com라는 도메인명에 대응하는 IP 주소를 가르쳐달라는 질의가 실행되며, 그 응답으로 얻은 IP 주소로 PING이 보내집니다.

도메인명을 IP 주소로 변환하는 것을 '이름 분석'(또는 이름 해석)이라고 부릅니다. 인터넷상에는 수많은 DNS 서버가 있습니다. DNS 서버 하나로 이름 분석을 하지 못하는 경우, 다른 DNS 서버로 질의하면 됩니다. 필자 자택의 네트워크에서는 라우터가 DNS 서버를 겸하고 있습니다. 이 라우터에 www.google.com라는 도메인명에 대응하는 IP 주소 정보는 없습니다. 라우터의 DNS 서버는 다른 DNS 서버에 질의해 www.google.com에 대응하는 IP 주소를 얻고 있습니다. ping뿐만이 아니라 웹 브라우저에서 www.google.com를 열람할 때도 DNS 서버로 질의가 들어갑니다.

nslookup이라는 네트워크 명령을 사용하면 DNS 서버로 질의를 합니다.

```
권한 없는 응답 :
이름 :  www.google.com
Addresses : 172.217.161.196
           172.217.161.196
           172.217.161.196
           172.217.161.196
```

그림 9.9 DNS 서버로 질의한 결과

www.google.com의 IP 주소를 질의해 볼게요. 아래와 같이 nslookup 뒤를 스페이스로 띄고 도메인명을 지정한 뒤, 또 스페이스로 띄고 DNS 서버의 IP 주소 (여기서는 DNS 서버를 겸임하고 있는 라우터의 IP 주소인 192.168.0.1)를 지정합니다.

```
nslookup www.google.com 192.168.0.1
```

그림 9.9는 DNS 서버로 질의한 결과입니다. '권한 없는 응답'은 다른 DNS 서버로 질의한 응답이라는 뜻입니다. '이름:' 뒤에 있는 www.google.com가 질의한 도메인명이고, 'Addresses' 뒤에 있는 172.217.161.196이 도메인명에 대응하는 IP 주소[7]입니다. 만약 IP 주소가 여러 개 있다면, 똑같은 도메인명을 가진 웹 서버가 여러 개 있기 때문입니다.

■ 확인 7 : IP 주소와 MAC 주소의 대응을 확인한다

반복해서 설명하지만, LAN과 LAN 사이를 연결한 것이 인터넷입니다. LAN과 인터넷은 프로토콜이 다르기에, 송신자와 수신자의 식별 번호도 다릅니다. 이

---

7 nslookup을 실행한 타이밍에 따라 이곳에 표시한 것과 다른 IP 주소가 표시되기도 합니다.

더넷의 LAN 식별 번호는 MAC 주소이며, 인터넷 식별 번호는 IP 주소입니다. 여기서 하나 의문으로 생각해 줬으면 하는 게 있습니다. 그건 바로, '인터넷상의 웹 서버에서 반송된 응답의 수신처를 IP 주소에서 MAC 주소로 어떻게 매핑할 것인가?'라는 질문입니다. 인터넷에서 LAN에 들어가면 식별 번호를 IP 주소에서 MAC 주소로 변환해야 합니다.

이 변환은 ARP(Address Resolution Protocol)라는 시스템으로 실현합니다. ARP 시스템은 재미있습니다. LAN의 모든 호스트를 향해, 예를 들면 "192.168.1.101이라는 IP 주소의 호스트는 있습니까? 있다면 MAC 주소를 반송하세요."라는 질의를 합니다. LAN의 모든 호스트에 일제히 질의하는 것을 브로드캐스트(broad cast, 동보통신)[8]라고 부릅니다.

브로드캐스트에 대해 몇 개의 호스트가 응답해 오면 IP 주소를 MAC 주소로 변환할 수 있습니다. 인터넷에서 반송된 응답을 LAN의 호스트에 넘길 때는 라우터가 ARP를 사용합니다. LAN의 호스트가 똑같은 LAN의 다른 호스트와 통신할 때는 송신처인 호스트가 ARP를 사용합니다. 단, IP 주소에 대응하는 MAC 주소를 얻으려고 매번 브로드캐스트를 실행하는 건 번거롭죠. 여기서 호스트는 한 번 얻은 MAC 주소와 IP 주소의 대응 정보를 기억하는 기능이 있습니다. 이 대응 정보의 기억을 'ARP 테이블'이라고 부릅니다.

arp라는 네트워크 명령을 사용하면 PC 내에 있는 ARP 테이블을 볼 수 있습니다. 아래와 같이 arp 뒤를 스페이스로 띄고 -a를 지정하세요. -a는 ARP 테이블의 내용을 표시하는 것을 의미합니다.

```
arp -a
```

8 브로드캐스트는 LAN 안에서 이뤄지기 때문에 MAC 주소를 사용해 실행됩니다. 브로드캐스트를 의미하는 MAC 주소는 FF-FF-FF-FF-FF-FF입니다.

인터넷 주소	물리적 주소	유형
192.168.0.1	58-86-94-29-cb-d3	동적
192.168.0.26	86-a9-3e-86-2c-b1	동적

그림 9.10 ARP 테이블 내용의 예(일부)

그림 9.10은 ARP 테이블 내용의 일부입니다. '인터넷 주소' 부분이 IP 주소고, '물리적 주소' 부분이 MAC 주소입니다. 유형이 '동적'으로 표기돼 있다면 ARP로 얻은 대응을 일시적으로 기억하고 있음을 의미합니다. 미리 설정한 시간이 지나면 동적인 대응이 삭제되며 다시 ARP가 질의를 합니다.

192.168.0.1은 필자 자택에 있는 LAN 라우터의 IP 주소입니다. 192.168.0.26은 필자 자택에 있는 LAN의 프린터가 연결된 IP 주소입니다. 필자의 PC는 라우터나 프린터와 통신하기 위해 ARP를 사용해서 IP 주소에 대응하는 MAC 주소를 얻고 있었습니다. LAN 내 호스트의 식별 번호는 MAC 주소이기 때문입니다.

■ TCP의 역할과 TCP/IP 네트워크의 계층

마지막으로 보충해서 설명하겠습니다. TCP/IP라는 말은 TCP와 IP라는 2개 프로토콜을 함께 사용함을 의미합니다. IP는 지금까지 설명했던 것처럼, 데이터의 송신자와 수신자를 IP 주소로 식별한 다음 라우터 몇 개를 거쳐서 데이터를 보내는 프로토콜입니다. TCP는 데이터의 송신자와 수신자가 서로 상대를 확인하며 확실하게 데이터를 주고받는 데 쓰는 프로토콜입니다. 이 같은 데이터의 송신 방식을 핸드셰이크(handshake. 악수)라고 부릅니다.(그림 9.11)

프로토콜이라는 단어에 감이 안 오는 분들도 계실 테죠. 프로토콜은 통신 간의 약속입니다. 송신자와 수신자가 똑같은 약속을 지키기에 데이터를 서로 보낼 수

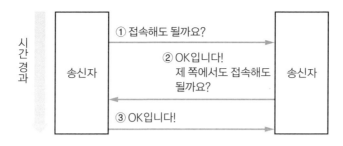

그림 9.11 TCP의 핸드셰이크

있는 겁니다. 약속을 지킨다는 것은 정해진 형식의 데이터를 정해진 순서로 보낸다는 뜻입니다.

우리가 키보드로 타자한 메일 문서 같은 데이터(애플리케이션 데이터)는 그대로 송신되지 않습니다. TCP, IP, 이더넷의 약속을 지키기 위한 정보인 'TCP 헤더', 'IP 헤더', '이더넷 헤더'[9]를 덧붙여 송신합니다. 각 헤더에는 각 프로토콜로 정한 송신자와 수신자의 식별 정보 등이 있습니다. 헤더는 택배의 송장 같은 것입니다.

그림 9.12에 인터넷에서 주고받는 데이터의 구조를 표현해 봤습니다. TCP의 식별 번호는 '포트 번호'라고 부릅니다. MAC 주소와 IP 주소는 호스트를 식별하고, 포트 번호는 웹 브라우저와 메일 소프트웨어 등의 프로그램을 식별합니다.

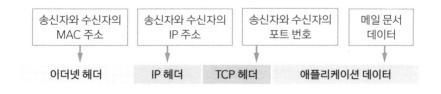

그림 9.12 인터넷에서 주고받는 데이터의 구조

9   헤더(header)란 앞부분에 붙이는 데이터를 의미합니다.

송신 시에 헤더가 덧붙여짐   수신 시에 헤더가 제거됨

사용자					
애플리케이션 계층					애플리케이션 데이터
TCP 계층				TCP 헤더	애플리케이션 데이터
IP 계층			IP 헤더	TCP 헤더	애플리케이션 데이터
이더넷 계층		이더넷 헤더	IP 헤더	TCP 헤더	애플리케이션 데이터

그림 9.13 네트워크 계층을 거슬러 올라가며 헤더가 덧붙여지거나 제거됨

네트워크 시스템은 여러 계층으로 구성됩니다. 우리가 애플리케이션을 사용해 작성한 데이터는 TCP 계층→IP 계층→이더넷 계층을 통과하며 케이블을 거쳐 송신됩니다. 계층을 거치면서 각각의 헤더가 덧붙여집니다. 거꾸로 케이블이 송신한 데이터는 이더넷 계층→IP 계층→TCP 계층을 거쳐 애플리케이션에 건네집니다. 계층을 지나면서 각각의 헤더가 제거됩니다.(그림 9.13)

어떤가요? 지금까지 무심하게 이용했던 네트워크 시스템을 이해하니 좀 기분이 좋아지지 않았나요? 여기서는 ipconfig, ping, nslookup을 사용했는데, 관심이 있으면 다른 네트워크 명령도 사용해 보세요. 네트워크를 더욱더 깊게 이해할 수 있을 겁니다. 실제로 확인해서 얻은 지식은 확실하게 내 것이 되고 절대 잊어버리지 않거든요. 제10장에서는 보안에서 중요한 '암호화와 디지털 서명 시스템'을 설명하겠습니다.

제 10 장

데이터를
암호화해 보자

워밍업

본문을 읽기 전, 워밍업으로 아래 퀴즈에 도전해 보세요.

퀴즈

초급 문제

암호문을 평문으로 변환하는 것을 뭐라고 부를까요?

중급 문제

A라는 문자의 문자 코드(ASCⅡ 코드)에 3을 더하면 무슨 문자가 될까요?

상급 문제

디지털 서명을 할 때 쓰는 해시값이란 무엇일까요?

어떤가요? 다시 보니 간결하게 답하기 어려운 문제도 있지 않았나요?
정답과 해설은 아래에 있습니다.

정답

초급 문제 : 복호화라고 부릅니다.

중급 문제 : D가 됩니다.

상급 문제 : 디지털 서명의 대상인 문서 전체에서 산출한 수치를 말합니다.

해설

초급 문제 : 암호화와 복호화의 구체적인 예를 본문에 소개하겠습니다.

중급 문제 : 알파벳 문자 코드는 문자를 순서대로 나열하기 때문에, A라는 문자 코드에
3을 더하면 A→B→C→D로 D가 됩니다.

상급 문제 : 문서 전체에서 산출한 해시값을 통해 문서 위변조를 확인할 수 있습니다.
암호화된 해시값이 디지털 서명이 됩니다.

지금까지는 조금 딱딱한 주제를 이어온 것 같네요. 이 장은 잠깐 커피 한 잔 마시며 쉬어볼까요? 가벼운 마음으로 읽어주길 바랍니다. 이번 주제는 데이터 암호화입니다. 사원들을 이어주는 사내 LAN이라면, 데이터를 암호화할 필요가 그다지 없을지도 모릅니다.[1] 하지만 전 세계의 기업과 개인을 연결하는 인터넷에서는 데이터를 암호화해야 할 상황이 많습니다. 예를 들어 인터넷 쇼핑몰에서 쇼핑했을 때 입력하는 신용카드 번호는 암호화해야 할 대표적인 데이터입니다. 만약 암호를 암호화하지 않고 송신하면, 인터넷에 접속 중인 누군가가 도둑질해 마음대로 이용할 우려가 있습니다. 이 같은 인터넷 쇼핑몰의 URL은 통신에 암호화를 사용한다는 것을 표시하는 'https://'로 시작되는 게 일반적입니다. 여러분은 모르는 사이에 암호화의 도움을 받고 있습니다.

그나저나 어떻게 데이터를 암호화해야 할까요? 실로 흥미진진하죠. Python이라는 프로그래밍 언어를 사용해 실제로 암호화하는 프로그램을 만들어 알아보겠습니다. 본문을 읽기만 하지 말고 프로그램이 어떻게 작동하는지 꼭 확인해 보세요. 암호화는 닭살이 돋을 정도로 재미있는 분야거든요!

■ 암호화란 뭔가를 살짝 확인하는 것

암호화의 대상인 데이터에는 문서나 이미지 같은 다양한 형식들이 있습니다. 단, 컴퓨터는 다양한 데이터를 수치로 나타내기 때문에 데이터 형식이 달라도 암호화 기법은 기본적으로 같습니다. 이 장에서는 암호화 대상을 문서 데이터로 제

---

1 물론 사내 LAN이더라도 무선 LAN처럼 도청이 쉬운 경우나 인사 정보처럼 사원조차 자유롭게 열람하는 것이 바람직하지 않은 데이터는 암호화를 해야 합니다.

한합니다.

문서 데이터는 다양한 문자로 구성됩니다. 각각의 문자에는 '문자 코드'라고 불리는 수치가 할당됩니다. 코드(code)는 부호라고 부릅니다. 문자에 어떤 숫자를 할당할지를 규정하는 문자 코드 체계는 ASC II 코드, JIS 코드, 시프트 JIS 코드, EUC 코드, Unicode같이 몇 가지가 있습니다.

표 10.1에 알파벳 대문자(A~Z)에 할당된 ASC II 코드의 숫자를 10진수로 표현해 봤습니다. ASC II 코드를 사용하고 있는 컴퓨터라면, 예를 들어 NIKKEI라는 문서 데이터가 '78 73 75 75 69 73'이라는 숫자열로 취급됩니다. 이 숫자열을 문자로 화면에 표시하면, 인간이 읽을 수 있는 NIKKEI라는 문자열이 됩니다. 이같이 암호화되지 않은 상태의 문서 데이터를 평문이라고 부릅니다.

네트워크에 평문 그대로 송신하면 데이터를 누군가가 훔쳐서 악용할 우려가 있으므로, 이를 암호화해 암호문으로 만드는 겁니다. 물론 암호문도 숫자열입니다. 단, 암호문을 화면에 표시하면 뜻을 알 수 없는 문자열로 보입니다.

표 10.1 A~Z를 표현하는 ASC II 코드

문자	코드	문자	코드	문자	코드	문자	코드
A	65	H	72	O	79	V	86
B	66	I	73	P	80	W	87
C	67	J	74	Q	81	X	88
D	68	K	75	R	82	Y	89
E	69	L	76	S	83	Z	90
F	70	M	77	T	84		
G	71	N	78	U	85		

암호화에는 다양한 기법이 있는데, 기본은 평문을 구성하는 각 문자의 문자 코드를 다른 숫자로 변환하는 것입니다. 암호화된 문서 데이터는 반대로 변환하면 원래대로 되돌릴 수 있습니다. 암호문을 평문으로 되돌리는 것을 '복호화'[2]라고 부릅니다.

■ 문자 코드를 바꾸는 암호화

암호화의 개념과 용어 해설은 이 정도로 해두고, 실제로 프로그램을 작성해서 시험해 보겠습니다. List 10.1은 암호화를 하는 프로그램의 한 예입니다. 프로그램 내용을 자세히 이해할 필요는 없습니다. 자연스럽게 분위기를 파악해 주면 됩니다.(이후에 보여주는 프로그램에서도 마찬가지입니다.) 여기서는 문서 데이터를 구성하는 각 문자의 문자 코드를 3개 바꾸는(문자 코드에 3을 더함) 기법으로 암호화를 했습니다. 프로그램을 실행하면 "평문을 입력하세요-->"가 뜹니다. NIKKEI라고 입력하고 엔터키를 누르면 QLNNHL이 뜨죠. 이 QLNNHL이 암호문입니다. QLNNHL이라면 누군가에게 도둑맞더라도 NIKKEI라는 뜻이라는 걸 모를 테죠.(그림 10.1) 문자 코드를 3개 바꿔서 암호화한 거라, 역방향으로 3개 바꾸면 복호화할 수 있습니다.

List 10.1 문자 코드에 3을 더해 암호화한다

```python
pt = input("평문을 입력하세요-->")
ct = ""
key = 3
for char in pt:
    ct += chr(ord(char) + key)
print(ct)
```

2   복호화는 열쇠를 알고 있는 사람이 암호문을 평문으로 되돌리는 것입니다. 열쇠를 모르는 사람이 시행착오로 암호문을 평문으로 되돌리는 것을 해독이라고 부릅니다. 열쇠란 암호화와 복호화 때 사용되는 수치를 말합니다.

평문을 입력하세요--\>NIKKEI ——————— 평문
QLNNHL

암호문

그림 10.1 List 10.1을 실행한 결과의 예

List 10.2는 복호화를 하는 프로그램입니다. 암호화를 하는 프로그램과는 반대로, 문자 코드에서 3을 빼서 부호화합니다. 프로그램을 실행하면 "암호문을 입력하세요--\>"라는 지시가 뜹니다. QLNNHL이라고 입력하고 엔터키를 치면, NIKKEI라는 평문이 표시됩니다. 제법 흥미롭죠.(그림 10.2)

3을 더해 암호화하고 3을 빼서 복호화한 겁니다. 3처럼 암호화나 복호화에 사용되는 수치를 '열쇠'라고 부릅니다. 3이라는 열쇠를 데이터 송신자와 수신자만의 비밀로 해두겠습니다. 3이라는 열쇠를 모르는 사람은 암호문을 복호화할 수 없습니다.

List 10.2 문자 코드에 3을 빼서 복호화하다

```python
ct = input("암호문을 입력하세요-->")
pt = ""
key = 3
for char in ct :
    pt += chr(ord(char) - key)
print(pt)
```

암호문을 입력하세요--\>QLNNHL ——————— 암호문
NIKKEI

평문

그림 10.2 List 10.2를 실행한 결과의 예

```
mun1 = input("평문 또는 암호문을 입력하세요-->")
mun2 = ""
key = int(input("열쇠를 입력하세요-->"))
for char in mun1:
    mun2 += chr(ord(char) ^ key)
print(mun2)
```

그림 10.3 List 10.3을 실행한 결과의 예

또 하나의 암호화 프로그램을 만들어볼까요? 이번에는 각각의 문자 코드와 열쇠를 XOR 연산(exclusive OR, 배타적 논리합)해서 변환합니다. Python에서는 XOR 연산을 ^로 표현합니다.(List 10.3) 열쇠 값도 지정할 수 있도록 해볼게요. XOR 연산으로 암호화한 암호문을 똑같은 XOR 연산으로 복호화할 수 있다는 것. 이게 바로 XOR 연산의 재미있는 점입니다. 즉 한 프로그램을 암호화와 복호화 양쪽에 쓸 수 있는 거죠.(그림 10.3)

XOR 연산은 데이터를 2진수로 표현했을 때, 1에 대응하는 자릿수를 반전(0을 1로, 1을 0으로)합니다. 반전해서 암호화하는 것이기 때문에 한 번 더 반전하면 복호화를 할 수 있습니다. 3(2진수로 00000011)이라는 열쇠와 N(문자 코드는 2진수로 01001110)이라는 문자의 XOR 연산 결과가 그림 10.4에 있으니, 반전의 반전

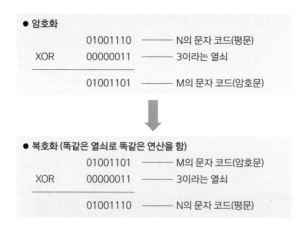

● 암호화

	01001110	—— N의 문자 코드(평문)
XOR	00000011	—— 3이라는 열쇠
	01001101	—— M의 문자 코드(암호문)

● 복호화 (똑같은 열쇠로 똑같은 연산을 함)

	01001101	—— M의 문자 코드(암호문)
XOR	00000011	—— 3이라는 열쇠
	01001110	—— N의 문자 코드(평문)

그림 10.4 반전의 반전으로 원래대로 복원

을 통해 원래대로 복구되는 모습을 확인하세요. N 문자 코드와 3을 XOR 연산한 결과는 M의 문자 코드가 됩니다. M의 문자 코드와 3을 XOR 연산한 결과는 N의 문자 코드로 돌아옵니다.

■ 열쇠가 많을수록 어려워지는 해독

인터넷처럼 불특정 다수의 사람이 암호화된 데이터를 송수신할 경우, 암호화 기법은 공개해 버리고 열쇠 값만 비밀로 하는 것이 일반적입니다. 하지만 아쉽게도 세상에는 나쁜 사람들이 존재하죠. 본인 것이 아닌 암호화 데이터를 받아, 그것을 해독해 악용하려 합니다. 열쇠 값을 모르니, 컴퓨터의 힘을 빌려 다양한 숫자로 해독합니다.

예를 들어 XOR 연산으로 암호화한 MJHHFJ라는 암호문은 열쇠 값을 0~9까지 닥치는 대로 시험하는 프로그램을 이용하면 해독돼 버립니다.(List 10.4, 그림 10.5) 인터넷에서는 암호화된 데이터를 도둑맞는 상황을 막을 수 없습니다. 이 때문에 설령 데이터를 도둑맞더라도 해독하기가 힘들게 만들어둡니다.

```
mun1 = input("암호문을 입력하세요-->")
for key in range(0,10,1):
    mun2 = ""
    for char in mun1:
        mun2 += chr(ord(char) ^ key)
    print(f"열쇠{key} : {mun2})")
```

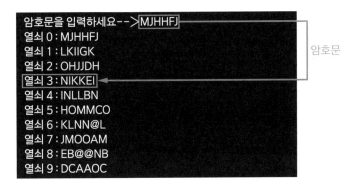

그림 10.5 List 10.4를 실행한 결과의 예

복호화를 어렵게 하려면 열쇠의 자릿수를 많이 만들면 됩니다. 한 자릿수의 3이 아니라 3, 4, 5라는 세 열쇠로 XOR 연산을 해서 암호화를 해보죠. 여기서는 평문의 1번째 문자는 3과 XOR 연산을 하고, 2번째 문자는 4와 XOR 연산을 하고, 3번째 문자는 5와 XOR 연산을 합니다. 4번째 이후의 문자는 3과 XOR 연산, 4와 XOR 연산, 5와 XOR 연산, 이렇게 반복합니다.(List 10.5, 그림 10.6)

한 열쇠로는 0~9의 10가지를 실행하면 해독돼 버리지만, 열쇠가 3개이면 000~999로 1,000가지가 나옵니다. 여기서 열쇠를 10개로 늘리면 어떨까요? 10의 10제곱=100억 가지를 시도해야 합니다. 열쇠를 하나 늘릴 때마다 해독의 어려움은 10배로 늘어납니다. 만약 열쇠가 20개라면 100억×100억 가지를 시도해

List 10.5 열쇠 3개로 XOR 연산을 해서 암호화와 복호화를 함

```python
mun1 = input("평문 또는 암호문을 입력하세요-->")
mun2 = ""
key = [3,4,5]
n = 0
for char in mun1:
    mun2 += chr(ord(char) ^ key[n])
    n = (n + 1) % 3
print(mun2)
```

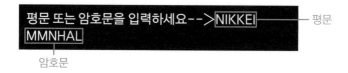

평문 또는 암호문을 입력하세요-->NIKKEI ——— 평문
MMNHAL
└── 암호문

그림 10.6 List 10.5를 실행한 결과의 예

야 합니다. 그럼 고속 컴퓨터를 사용해도 해독은 불가능하다고 할 수 있겠죠.

■ 암호화와 복호화에서 다른 열쇠를 사용하는 공개키 암호 방식

지금까지 설명한 암호화 기법은 '공통키 암호 방식'이라고 불립니다. 암호화와 복호화에서 똑같은 값의 열쇠를 사용하는 게 공통키 암호 방식의 특징이죠. 따라서 열쇠 값을 송신자와 수신자만의 비밀로 해둬야 합니다.[그림 10.7의 (1)] 열쇠가 많으면 해독이 어려워지지만, 사전에 송신자가 수신자에게 열쇠 값을 몰래 알려줄 수단을 생각해야 해요. 서류 우편으로 열쇠 값을 알려줘야 할까요? 만약 통신 상대가 100명 있으면 100통의 우편을 보내야 하니 아주 번거로워지겠죠. 열쇠를 보내는 시간이 오래 걸립니다. 인터넷은 전 세계의 많은 사람과 실시간으로 정보를 교환할 수 있다는 점에 의미가 있잖아요. 따라서 '공통키 암호 방식'을 그대

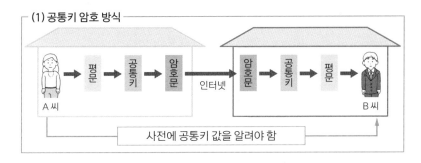

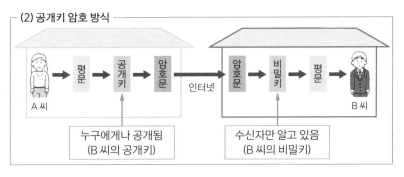

그림 10.7 공통키 암호 방식과 공개키 암호 방식

로 쓰기에는 인터넷에 적절하지 않습니다.

세상에는 멋진 것을 생각해 내는 사람이 있는 법입니다. 공통키 암호 방식의 문제는 암호화의 열쇠와 복호화의 열쇠를 다른 값으로 설정해 해결할 수 있습니다. 이 같은 암호 기법을 '공개키 암호 방식'이라고 부릅니다.

공개키 암호 방식에서는 암호화 열쇠를 '공개키'로 전 세계에 알려버립니다. 복호화의 열쇠는 '비밀키'로 나만의 비밀이라고 생각해야 합니다. 예를 들어, 내 공개키가 3이고 비밀키가 7이라고 하죠.(실제로는 더 자릿수가 많은 2개 값의 페어를 열쇠로 합니다.) 제가 인터넷을 사용해 전 세계에 "제 공개키는 3이에요."라고 공개하겠습니다. 여러분이 제게 데이터를 보낼 경우, 공개키 3을 사용해 암호화합니다. 이 암호문을 누군가 도둑질하더라도, 비밀키를 모르면 복호화를 할 수 없습니다. 안전하죠. 암호문을 받은 저는 저만이 알고 있는 비밀키 7을 사용해 복호화합니다.[그림 10.7의 (2)] 어때요? 훌륭한 기법이죠?

공개키 암호 방식의 암호화와 복호화에서 다른 열쇠를 사용하는 점이 이상하다고 생각할 겁니다. 예를 들어 3이라는 열쇠를 더해 암호화할 거라면 똑같은 3이라는 열쇠를 빼서 복호화합니다. 3이라는 열쇠로 XOR 연산해서 암호화한다면, 똑같은 3이라는 열쇠로 XOR 연산해서 복호화합니다. 다른 열쇠로 암호화와 부호화를 하는 계산 방법이 있을까요?

공개키 암호 방식의 시스템은 간단한 예를 들어 설명하겠습니다. 그림 10.8은 1~10의 숫자(평문의 문자 코드로 하겠습니다.)를 1~25로 거듭제곱해 55로 나눈 값의 나머지를 나타낸 것입니다. 다양한 숫자로 돼 있는데, 21로 거듭제곱해서 55로 나눈 값의 나머지에 주목하세요. 1~10으로 돼 있습니다. 즉 1~10을 21제곱해 55로 나눈 값의 나머지는 원래의 1~10과 똑같아집니다. 자, 여기서부터가 중요합니다. 21=3×7이기 때문에 21제곱을 3제곱과 7제곱으로 나눠서 진행할 수 있습니다.

1~25제곱해 55로 나눈 값의 나머지

	1	2	3	4	5	6	7	8	9	10	11	12	13	14	15	16	17	18	19	20	21	22	23	24	25
1	1	1	1	1	1	1	1	1	1	1	1	1	1	1	1	1	1	1	1	1	1	1	1	1	1
2	2	4	8	16	32	9	18	36	17	34	13	26	52	49	43	31	7	14	28	1	2	4	8	16	32
3	3	9	27	26	23	14	42	16	48	34	47	31	38	4	12	36	53	49	37	1	3	9	27	26	23
4	4	16	9	36	34	26	49	31	14	1	4	16	9	36	34	26	49	31	14	1	4	16	9	36	34
5	5	25	15	20	45	5	25	15	20	45	5	25	15	20	45	5	25	15	20	45	5	25	15	20	45
6	6	36	51	31	21	16	41	26	46	1	6	36	51	31	21	16	41	26	46	1	6	36	51	31	21
7	7	49	13	36	32	4	28	31	52	34	18	16	2	14	43	26	17	9	8	1	7	49	13	36	32
8	8	9	17	26	43	14	2	16	18	34	52	31	28	4	32	36	13	49	7	1	8	9	17	26	43
9	9	26	14	16	34	31	4	36	49	1	9	26	14	16	34	31	4	36	49	1	9	26	14	16	34
10	10	45	10	45	10	45	10	45	10	45	10	45	10	45	10	45	10	45	10	45	10	45	10	45	10

1~10의 데이터

21제곱해 55로 나눈 값의 나머지는 원래의 1~10과 같아짐

그림 10.8 1~10을 1~25로 거듭제곱해 55로 나눈 나머지

	1	2	3	4	5	6	7	8	9	10	11	12	13	14	15	16	17	18	19	20	21	22	23	24	25
1	1	1	1	1	1	1	1	1	1	1	1	1	1	1	1	1	1	1	1	1	1	1	1	1	1
2	2	4	8	16	32	9	18	36	17	34	13	26	52	49	43	31	7	14	28	1	2	4	8	16	32
3	3	9	27	26	23	14	42	16	48	34	47	31	38	4	12	36	53	49	37	1	3	9	27	26	23
4	4	16	9	36	34	26	49	31	14	1	4	16	9	36	34	26	49	31	14	1	4	16	9	36	34
5	5	25	15	20	45	5	25	15	20	45	5	25	15	20	45	5	25	15	20	45	5	25	15	20	45
6	6	36	51	31	21	16	41	26	46	1	6	36	51	31	21	16	41	26	46	1	6	36	51	31	21
7	7	49	13	36	32	4	28	31	52	34	18	16	2	14	43	26	17	9	8	1	7	49	13	36	32
8	8	9	17	26	43	14	2	16	18	34	52	31	28	4	32	36	13	49	7	1	8	9	17	26	43
9	9	26	14	16	34	31	4	36	49	1	9	26	14	16	34	31	4	36	49	1	9	26	14	16	34
10	10	45	10	45	10	45	10	45	10	45	10	45	10	45	10	45	10	45	10	45	10	45	10	45	10

7제곱해 55로 나눈 값의 나머지로 복호화

그림 10.9 공개키 암호 방식의 시스템

예를 들어 '5를 21제곱해 55로 나눈 값의 나머지'는 원래의 5와 같아지지만, 이것을 '5를 3제곱해 55로 나눈 값의 나머지인 15를 구함'과 '15를 7제곱해 55로 나눈 값의 나머지인 5를 구함'으로 나눠서 할 수 있습니다. 즉 3을 공개키로 해서 '평문을 3제곱해 55로 나눈 값의 나머지를 구함'이라는 계산을 해서 암호화하고, 7을 비밀키로 '암호문을 7제곱해 55로 나눈 값의 나머지를 구함'이라는 계산을 해서 복호화하는 겁니다. 이것이 바로 공개키 암호 방식 시스템입니다.[3] (그림 10.9) 여기서는 3, 7, 55라는 값으로 계산했지만, 이 값들은 수학적인 규칙으로 구한 것입니다. 조금 번거로운 규칙이라 여기서는 설명을 생략하지만, 관심 있는 분들은 꼭 알아보세요.

■ 공개키 암호 방식을 응용한 디지털 서명

아까 설명한 공개키 암호 방식의 시스템에서 더 주목해야 할 점이 있습니다.

---

3 공개키 암호 방식의 계산 절차에는 몇 가지 방식이 있습니다. 여기서 보여주는 계산 절차는 RSA 암호라는 공개키 암호 방식에서 씁니다.

21 = 3×7은 7×3이기도 합니다. 지금까지 든 예에서는 3제곱한 다음 7제곱해 원래대로 되돌렸지만, 거꾸로 7제곱한 다음 3제곱해 원래대로 되돌릴 수도 있습니다.

즉 3이라는 공개키로 암호화하면 7이라는 비밀키로 복호화할 수 있지만, 거꾸로 7이라는 비밀키로 암호화하면 3이라는 공개키로 복호화할 수 있습니다. 이걸 응용하면 '디지털 서명'이 실현됩니다.

디지털 서명은 본인이라는 사실을 증명할 사인이나 인감에 해당합니다. 디지털 서명은 본인 증명뿐 아니라 문서 내용에 위변조가 없는지까지 증명할 수 있어요. 디지털 서명의 실체는 문서를 구성하는 모든 문자의 문자 코드를 사용해 계산한 '해시값'[4]을 송신자의 비밀키로 암호화한 것입니다.

간단한 예로, 디지털 서명의 시스템을 설명해 보겠습니다. 송신자인 A 씨가 NIKKEI라는 문서를 수신자인 B 씨에게 보내는 걸로 치죠. 그때 A 씨는 송신자가 A 씨라는 사실을 증명하고, 문서에 위변조 여부를 증명하려고 디지털 서명을 첨부합니다. 여기서는 문서를 구성하는 모든 문자의 문자 코드를 더한 값을 10으로 나누고 그 값의 나머지를 해시값으로 했지만, 실용적인 디지털 서명에서는 더 복잡한 계산을 합니다. 계산식에 있는 Mod는 나눗셈의 나머지를 구함을 의미합니다.

[송신자인 A 씨]

(1) NIKKEI라는 평문을 작성

(2) 공개키인 3과 비밀키인 7을 준비

(3) 평문의 해시값을 구함

　　N(78)+I(73)+K(75)+K(75)+E(69)+I(73)=443

4　해시값의 해시(hash)는 '북적북적'이라는 뜻입니다. 문서를 구성하는 모든 문자의 문자 코드를 한데 섞어서 만든 값이기 때문에 해시값이라고 부릅니다.

443 Mod 10＝3…해시값

(4) 해시값인 3을 비밀키인 7로 암호화함

$3^7 Mod 55=42$…디지털 서명

(5) B 씨에게 평문인 NIKKEI, 디지털 서명인 42, 공개키인 3을 보냄[5]

[수신자인 B 씨]

(1) A 씨에게서 평문인 NIKKEI, 디지털 서명인 42, 공개키인 3을 받음

(2) 평문의 해시값을 구함[6]

N(78)+I(73)+K(75)+K(75)+E(69)+I(73)=443

443 Mod 10＝3…계산해서 얻은 해시값

(3) 디지털 서명인 42를 공개키인 3으로 복호화

$42^3 Mod 55=3$…복호화로 얻은 해시값

(4) 계산으로 얻은 해시값인 3과 복호화로 얻은 해시값인 3을 비교하면, 양쪽이 일치하기
때문에 송신자가 A 씨 본인이라는 것과 문서에 위변조가 없다는 것을 증명할 수 있음

이 순서로 어떻게 A 씨가 본인이라는 것을 증명하고 문서에 위변조가 없는지
를 증명할 수 있을까요? A 씨의 공개키로 암호화한 해시값(디지털 서명)을 복호
화할 수 있었던 것은 해시값을 A 씨의 비밀키로 암호화했기 때문입니다. A 씨의
비밀키는 A 씨만 알기 때문에 A 씨라는 것을 증명할 수 있습니다.

---

5 실용적인 디지털 서명에서는 공개키를 보내는 것이 아니라 믿을 수 있는 인증 기관이 발행한 공개키 증명서를 보
냅니다. A 씨의 공개키 증명서는 A 씨의 정보, A 씨의 공개키 값, 인증 기관의 정보 등을 인증 기관의 비밀키로 암호화
한 것입니다. B 씨는 인증 기관의 공개키를 사용해 공개키 증명서를 복호화하고 A 씨의 공개키를 얻습니다. 인증 기관
의 공개키는 미리 B 씨에게 알려져 있다고 치겠습니다. 공개키 증명서는 인감도장이 찍힌 인감 증명서와 비슷합니다.
인증 기관은 인감 증명서를 발행하는 관공서에 해당합니다.
6 해시값의 계산 방법은 비밀이 아니라 미리 알려져 있다고 치겠습니다.

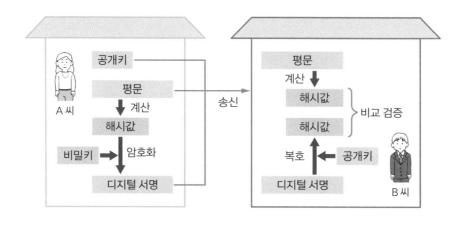

그림 10.10 디지털 서명 시스템

계산해서 얻은 해시값과 복호화로 얻은 해시값이 둘 다 3으로 일치한 것은 문서에 위변조가 없기 때문입니다. 만약 예를 들어 NIKKEI가 NIKKEN으로 변조돼 있으면(끝의 I가 N으로 변조됨) 계산해서 얻은 해시값이 8이 되고, 이로 인해 복호화로 얻은 해시값인 3과 일치하지 않습니다. 그림 10.10에 디지털 서명 시스템을 정리해 두겠습니다.

공통키 암호 방식은 계산이 단순하기에 처리가 빠르지만, 열쇠를 네트워크에서 보낼 수 없다는 특징이 있습니다. 한편 공개키 암호 방식은 계산이 복잡해서 처리가 느리지만, 암호화의 열쇠를 네트워크에서 보낼 수 있다는 특징이 있습니다. 양쪽의 장점을 조합한 '하이브리드 방식'도 있죠. 통신 초기에 처리가 느린 공개키 암호 방식으로 공통키를 암호화해서 보내는 거죠. 그 이후에는 처리가 빠른 공통키를 사용해 필요한 만큼 데이터를 암호화해서 보냅니다. 이러면 빠르고 안전합니다. 상당히 좋은 방법이에요. 하이브리드 방식은 웹 페이지를 암호화할 때 사용합니다. 제11장에서는 범용적인 데이터 형식인 XML을 설명하겠습니다.

제 11 장

XML이란 무엇인가

워밍업

본문을 읽기 전, 워밍업으로 아래 퀴즈에 도전해 보세요.

퀴즈

초급 문제

XML은 무엇의 약자일까요?

중급 문제

HTML과 XML의 차이는 무엇일까요?

상급 문제

XML 문서를 처리하는 컴포넌트 중 W3C 권고에 따른 것은 무엇일까요?

어떤가요? 다시 보니 간결하게 답하기 어려운 문제도 있지 않았나요?
정답과 해설은 아래에 있습니다.

정답

초급 문제 : Extensible Markup Language(확장 가능한 마크업 언어)의 약자입니다.

중급 문제 : HTML은 웹 페이지를 기술하는 마크업 언어입니다. XML은 임의 마크업 언어를 정의하는 메타 언어입니다.

상급 문제 : DOM(Document Object Model)입니다.

해설

초급 문제 : 마크업 언어는 태그로 데이터에 의미를 붙입니다.

중급 문제 : 새로운 언어를 정의하는 언어를 메타 언어라고 부릅니다. XML에 따라 다양한 언어가 정의돼 있습니다.

상급 문제 : 컴포넌트란 프로그램을 만들 때 이용할 수 있는 부품을 말합니다. 수많은 프로그래밍 언어가 DOM에 대응합니다.

컴퓨터 업계에 있다면, XML이라는 말을 한 번쯤은 들어봤을 겁니다. 여러분은 분명 XML이라는 말을 알고 있겠죠. 그리고 탄생 이래 20년이 훌쩍 지난 XML이라는 기술이 다양한 분야에 폭넓게 침투한 사실도 이미 알 테죠. 예를 들어 애플리케이션은 XML 형식으로 파일을 저장할 수 있습니다. DBMS는 XML에 대응합니다. 많은 시스템이 XML을 기반으로 합니다.

이 장에서는 XML이 무엇인지에 대해 이야기해 보겠습니다. XML의 규격 그 자체는 실로 단순하고 범용적입니다. 그렇기에 다양하게 확장돼 다양한 상황에서 이용된 겁니다. 최근에는 JSON이나 YAML이 널리 쓰이지만 역시 기초에 해당하는 것은 XML이니 이번 기회에 다시 기초 지식을 정리해 두는 건 어떨까요?

■ XML은 마크업 언어

XML이라는 말의 뜻에서부터 시작해 보겠습니다. XML은 Extensible Markup Language의 약자로, 직역하면 '확장 가능한 마크업 언어'입니다. 먼저 '마크업 언어'란 무엇인지 설명해 보죠. '확장 가능'이란 말의 뜻은 조금 후에 소개하겠습니다.

여러분은 이미 마크업 언어의 신세를 지고 있습니다. 웹 페이지를 기술하는 HTML(Hypertext Markup Language)을 예로 들어보죠. HTML은 마크업 언어의 한 종류입니다. 그림 11.1을 보세요. 이 웹 페이지의 실체는 웹 서버에 배치된 HTML 파일입니다. HTML 파일은 일반적으로 파일명의 확장자를 '.html'로 설정합니다.

웹 브라우저(여기서는 Google Chrome을 사용함)의 화면을 우클릭해서 뜨는 메

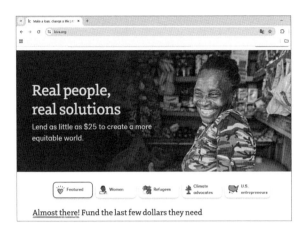

그림 11.1 이 페이지의 실체는 HTML 파일이다

그림 11.2 그림 11.1에 나타낸 페이지의 HTML 소스

뉴에서 '페이지 소스 보기'를 선택하면 index.html의 소스가 뜹니다.

소스란 웹 페이지를 표시하는 근원(source)이 되는 문서를 말합니다.(그림 11.2) 〈html〉, 〈head〉, 〈title〉, 〈body〉 등 〈 〉로 감싼 부분이 많다는 것을 알겠죠? 이것들을 '태그'라고 부릅니다. 〈html〉은 HTML 파일이라는 것을 나타내는 태그입니다. 마찬가지로 〈head〉는 헤더라는 것, 〈title〉은 웹 페이지의 타이틀이라는 것, 〈body〉는 웹 페이지의 본문이라는 것을 각각 정의하고 있습니다. 문자열을 진하게 표시하는 〈b〉, 웹 페이지에 이미지를 삽입하는 〈img〉라는 태그도 있습니다.

태그에 따라 데이터에 의미를 부여하는 행위를 '마크업'이라고 부릅니다. 이 의미 부여를 위한 약속을 규정한 언어가 바로 '마크업 언어'입니다. HTML은 웹 페이지를 기술하는 마크업 언어입니다. 더 간단하게 말하면 '웹 페이지를 기술하는 데 사용할 수 있는 태그를 정한 것'이 HTML이죠. 즉 사용할 수 있는 태그의 종류가 마크업 언어의 사양을 결정한다고 할 수 있습니다. HTML 태그는 웹 브라우저가 해석해, 웹 페이지에 표시합니다.

▓ XML은 확장이 가능하다

XML은 그 이름 그대로 마크업 언어의 일종입니다. XML 파일의 확장자는 일반적으로 .xml로 합니다.(다른 확장자여도 상관없습니다.) Windows에서도 다양한 용도로 XML 파일이 쓰입니다. Windows(여기서는 Windows 10 Pro를 사용)의 익스플로러에서 C:\Windows 폴더를 선택하고 '검색' 부분에 '*.xml'이라고 입력해 엔터키를 치세요. *은 임의 파일명을 뜻하기 때문에 확장자가 .xml인 파일이 검색됩니다. 그 결과 수많은 XML 파일이 발견될 겁니다. 그림 11.3은 그중에서 적당히 선택한 XML 파일을 Windows의 메모장에서 연 모습입니다.[1]

1 C:\Windows 폴더에 있는 XML 파일 대부분은 Windows의 설정과 관련이 있으니 내용을 고치지 마세요.

```
osinfo.xml - 메모장                               —    □    ×
파일(F) 편집(E) 서식(O) 보기(V) 도움말(H)
<?xml version="1.0"?>
<scpd xmlns="urn:schemas-upnp-org:service-1-0">
  <specVersion>
    <major>1</major>
    <minor>0</minor>
  </specVersion>
  <actionList>
   <action>
      <name>MagicOn</name>
    </action>
  </actionList>
```

그림 11.3 XML 파일을 연 모습, 다양한 태그가 사용된 것을 알 수 있다

XML 파일에서도 태그가 쓰입니다. XML 파일 안에는 〈specVersion〉,
〈major〉, 〈minor〉 등의 태그가 있습니다. 이 태그들을 정한 것이 XML일까요?
아뇨, 아닙니다. XML 자체는 태그 종류를 결정하지 않습니다. XML 이용자가 자
유롭게 태그를 만들어도 됩니다. 즉 〈 〉 안에 기술할 말은 뭐든 괜찮은 거죠. 이게
'확장 가능'의 의미입니다. HTML에서는 HTML에서 정한 태그만 쓸 수 있습니
다. HTML은 '고정적인 마크업 언어'입니다. 그에 비해 XML은 '확장 가능한 마
크업 언어'입니다. 조금 머리가 복잡해지겠지만, 뒤에 나올 설명을 읽으면 HTML
과 XML의 차이를 깔끔하게 이해할 수 있을 겁니다.

■ XML은 메타 언어

XML에서는 어떤 태그를 사용해도 되기 때문에 사용 방법이 고정돼 있지는 않
습니다. XML은 태그로 마크업을 하는 서식(스타일)을 규정하고 있을 뿐이라고
할 수 있죠. 즉 어떤 종류의 태그를 사용할지를 정해서 새로운 마크업 언어를 만
들 수 있습니다.

이처럼 언어를 만드는 언어를 '메타 언어'라고 부릅니다. 예를 들어 〈dog〉나 〈cat〉이라는 태그를 사용하는 '애완동물 언어'라는 독자적인 마크업 언어를 만들 수도 있습니다. 단, XML 형식의 마크업 언어가 되려면 몇 가지 규정을 지켜야만 합니다.

표 11.1 XML의 주요 규정

규정	예시
XML문서의 맨 앞에는 XML의 버전, 문자의 인코딩 방법을 나타내는 'XML 선언'을 기술	〈?xml version="1.0" encoding="UTF-8"?〉
정보는 〈태그명〉이라는 시작 태그와 〈/태그명〉이라는 종료 태그로 둘러쌈	〈cat〉 타마 〈/cat〉
태그명은 숫자로 시작하면 안 됨. 태그명에 공백을 포함할 수 없음	〈5cat〉, 〈my cat〉이라는 태그명은 사용 불가
반각 스페이스, 줄바꿈, TAB은 공백으로 간주하기 때문에 임의로 줄바꿈, 들여쓰기가 가능	(그림 11.4를 참고)
정보가 없는 건 〈태그명〉〈/태그명〉뿐만이 아니라 〈태그명/〉으로도 표현	〈cat〉〈/cat〉은 〈cat/〉과 의미가 동일
대문자와 소문자는 구별됨	〈cat〉, 〈CAT〉, 〈Cat〉은 다 다른 태그
태그 안에 다른 태그를 포함해 계층 구조를 표현할 수 있음. 단, 태그의 관계가 교착 상태에 빠져서는 안 됨	〈pet〉〈cat〉 타마 〈/cat〉〈/pet〉은 좋지만, 〈cat〉〈pet〉 타마 〈/cat〉〈/pet〉은 안 됨
XML 선언 이하의 전체를 둘러싸는 '루트 요소'라 불리는 태그가 1개만 필요	〈pet〉…그 외의 태그…〈/pet〉
태그 안에 속성명="값"이라는 형식으로 임의의 속성을 부가할 수 있음	〈cat type="삼색털 고양이"〉 타마 〈/cat〉
〈, 〉, &, ", ' 같은 특수 기호를 정보로 쓰고 싶을 경우 <, >, &, ", '라는 표현을 사용	〈cat〉 타마 & 토라 〈/cat〉
〈![CDATA[와]]〉로 감싸면 〈, 〉, &, ", ' 같은 특수 기호를 그대로 기술 가능. 특수 기호가 많은 경우에 편리	〈cat〉〈![CDATA[타마&토라&미&도라]]〉 〈/cat〉
코멘트는 〈!--와 --〉로 감싸서 표시	〈!--이것은 코멘트입니다--〉

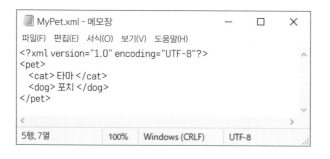

그림 11.4 애완동물을 표현하는 마크업 언어

마구잡이로 태그를 나열하기만 하면 XML 형식이라고 부를 수 없습니다. 표 11.1에 메타 언어인 XML의 규정을 정리했습니다. 간단하니 살짝 훑어만 보세요.

XML의 데이터는 텍스트 형식입니다. 즉 문자만으로 구성합니다. XML의 규정을 지켜 기술한 문서를 'XML 문서', XML 문서를 파일로 저장한 것을 'XML 파일'이라고 부릅니다. XML 파일은 Windows의 메모장 같은 텍스트 편집기를 사용해 작성할 수 있습니다.

그림 11.4는 애완동물을 표현하는 마크업 언어로 기술된 XML 파일의 예입니다. 사용한 태그는 〈pet〉, 〈cat〉, 〈dog〉 3가지입니다. 태그 이름은 필자가 생각한 것이지만, 태그를 배치한 방법이나 XML 선언 등의 규정을 지키고 있으므로 이래 봬도 훌륭한 XML 파일입니다. XML의 규정을 지켜서 올바르게 마크업한 문서를 '정형식 XML 문서'(well-formed XML document)라고 부릅니다.

■ XML은 데이터에 의미를 부여한다

이걸로 "XML은 확장 가능한 마크업 언어이다."라는 문장의 의미를 이해했겠죠? 단, '대체 XML이 어디에 도움이 되는 거지?'라는 새로운 의문이 생겼을 겁니다. XML의 용도를 이해하려면 XML이 탄생한 경위를 알아야 합니다.

알다시피 웹 페이지의 등장으로 인터넷이 보급됐습니다. 웹 페이지는 HTML에서 정한 태그를 사용해 문자열이나 이미지를 웹 브라우저에 표시한 것입니다. 당연한 소리지만 웹 페이지를 보는 것은 컴퓨터 사용자, 즉 인간입니다. 쇼핑몰이라면 인간이 웹 페이지를 보고 인간이 가격을 확인해 인간이 상품을 주문하죠.

이왕 컴퓨터를 쓰고 있으니 여러 쇼핑몰을 확인해 가장 가격이 저렴한 쇼핑몰에 발주하는 프로그램을 만들어 편하게 쇼핑하고 싶다는 마음이 듭니다. 하지만 이것은 HTML만으로는 거의 불가능합니다. HTML에서 정한 각종 태그는 데이터를 표시하는 방법을 지정할 뿐, 데이터의 의미를 표현하지 않기 때문입니다.

그 예로 그림 11.5의 HTML 파일을 보세요. 이 HTML 파일을 웹 브라우저에 표시하면, 인간은 상품 번호와 상품명과 가격을 구별할 수 있습니다. 1234와 19800은 둘 다 수치지만, 1234가 상품 번호고 19800이 가격이라는 사실을 알 수 있습니다.(그림 11.6) 하지만 HTML 태그 안에는 상품 번호와 상품명과 가격을 구별하는 것이 없습니다. 〈table〉, 〈tr〉, 〈td〉는 표 형식으로 데이터를 표시하는 것을 의미할 뿐입니다. 프로그램이 다루는 데이터 형식으로, 그림 11.5의 HTML 파일에서 상품 번호, 상품명, 가격을 구별하는 것은 상당히 번거롭겠죠. 그렇다면 상품 번호와 상품명과 가격을 나타내는 〈itemcode〉, 〈name〉, 〈price〉 같은 태그를 정하면 어떨까요? 이 같은 태그로 데이터의 의미를 적어둔 파일을 읽어 들이는 프로그램은 상품 번호, 상품명, 가격을 식별할 수 있습니다.

비즈니스 세계에서는 다양한 의미를 가진 데이터가 무수하게 존재합니다. 업종이 바뀌면 데이터 종류도 달라지죠. 시대와 함께 새로운 업종도 탄생하고 있습니다. 모든 업종에 대응하려면 HTML의 태그가 몇 개 있어도 부족합니다. 여기서 HTML을 이용하는 방법은 어디까지나 웹 페이지를 표시한다는 용도로만 한정해 두고, 그와는 별개로 XML이라는 메타 언어가 고안됐습니다. XML을 사용해 업계마다 또는 특정 용도마다 자유롭게 마크업 언어를 만들어 쓴다, 뭐, 이런

그림 11.5 쇼핑몰 HTML 파일의 예

그림 11.6 인간이라면 상품 번호와 상품명과 가격을 구별할 수 있다

이야기입니다.

즉 XML의 용도는 '주로 인터넷에서 교환되는 데이터에 의미를 부여'하는 데 있습니다.(그림 11.7) 물론 인터넷 이외의 환경에서 XML을 사용해도 됩니다. XML이 탄생한 경위에 인터넷이 연관돼 있기 때문입니다.[2]

---

2 XML이 탄생하기 전, SGML(Standard Generalized Markup Language)이라는 마크업 언어가 있었습니다. SGML은 구문이 복잡하며 인터넷의 데이터 교환에 어울리지 않았습니다. XML은 SGML을 단순하게 만든 형태로 개발됐습니다.

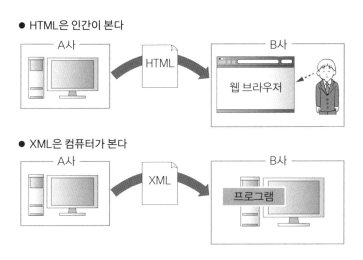

● HTML은 인간이 본다

A사 → HTML → B사
웹 브라우저

● XML은 컴퓨터가 본다

A사 → XML → B사
프로그램

그림 11.7 HTML은 인간이 보는 것, XML은 컴퓨터가 보는 것

■ XML은 범용적인 데이터 교환 형식

인터넷 세계에서는 W3C(World Wide Web Consortium)라는 조직이 'W3C 권고'라는 형태로 다양한 사양을 정했습니다. XML은 1998년에 W3C 권고 대상이 됐습니다.(XML 1.0) W3C 권고는 특정 제조사에 의존하지 않는 범용적인 사양입니다. W3C 권고인 XML은 범용적인 데이터 형식의 사양이라고 할 수 있습니다.

즉 특정한 제조사의 특정한 애플리케이션이 XML 파일로 데이터를 저장했으면, 그 XML 파일을 다른 제조사의 다른 애플리케이션으로 불러들일 수 있습니다. 똑같은 제조사의 다른 애플리케이션 사이에서 데이터를 교환하는 일도 가능합니다.

이처럼 제조사나 애플리케이션의 종류를 초월한 '범용적인 데이터 교환 형식'은 XML이 최초가 아닙니다. 컴퓨터 업계에서는 오랜 세월에 걸쳐 CSV(Comma Separated Value. 쉼표를 기준으로 항목을 구분해 저장한 데이터)라는 범용적인 데이터 교환 형식을 사용해 왔습니다. XML과 CSV를 비교해 보죠.

CSV는 XML과 마찬가지로 문자로만 구성된 텍스트 파일로 작성합니다. CSV 파일은 일반적으로 파일명의 확장자를 .csv로 합니다. CSV는 그 이름에서 볼 수 있듯이 데이터를 쉼표로 구분해 기술합니다. 예를 들어 아까 본 쇼핑몰의 데이터라면 그림 11.8처럼 기술할 수 있습니다. 문자열은 큰따옴표로 묶고, 숫자를 그대로 기술합니다. 1건의 레코드(의미가 있는 데이터의 모음)마다 줄 바꿈을 하죠. CSV에는 데이터가 기록돼 있을 뿐이고, 각각의 데이터에 의미를 부여하지 않습니다. 그런 점에서는 XML 쪽이 더 뛰어나다고 할 수 있습니다.

그럼 향후에는 CSV가 사용되지 않고, XML만 살아남을까요? 아뇨, 틀렸습니다. CSV와 XML은 둘 다 계속 사용될 겁니다. 둘 다 나름의 장단점이 있기 때문이죠. 이건 컴퓨터 업계에 국한된 것은 아니지만, 같은 목적을 위해 여러 수단이 존재한다면 각각 장단점이 있습니다.

쇼핑몰의 데이터를 〈shop〉, 〈product〉, 〈itemcode〉, 〈name〉, 〈price〉라는 태그를 사용한 XML 파일로 만들어보겠습니다.(그림 11.9) CSV 파일과 비교해보니 어떤가요? 잠깐 보기만 해도 XML 파일 쪽이 데이터에 의미가 부여돼 있어 편리하다는 걸 알 수 있죠. 단, 그만큼 파일 크기가 커집니다. 아까 본 CSV 파일의 크기는 53바이트입니다. 하지만 XML 파일의 크기는 250바이트로, CSV 파일의 약 5배나 됩니다. 큰 파일은 용량을 많이 잡아먹고, 송신 시간이 길어지며 처

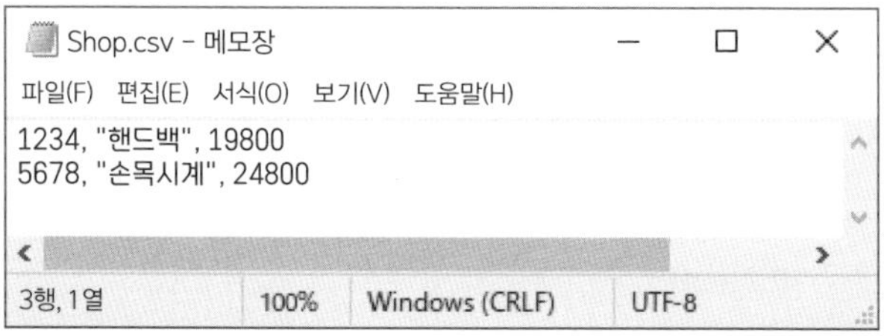

그림 11.8 쇼핑몰 CSV 파일의 예

리 시간도 길어집니다. 여러분이 평소에 쓰는 애플리케이션에는 애플리케이션의 독자적인 데이터 형식뿐만이 아니라 범용적인 데이터 형식으로도 파일을 저장할 수 있는 것이 있습니다.

그림 11.9 쇼핑몰 데이터 XML 파일의 예

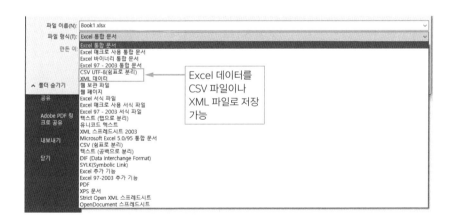

그림 11.10 범용적인 데이터 형식으로 데이터를 저장한다

Microsoft Excel이 그 예입니다. Microsoft Excel 2000까지는 CSV뿐이었지만, Microsoft Excel 2002 이후에는 CSV와 XML 중 어느 쪽으로도 저장할 수 있습니다.(그림 11.10) 앞으로도 CSV와 XML 둘 다 범용적인 데이터 형식으로 계속 쓰일 것이기 때문입니다.

■ XML 태그에 이름 공간을 설정할 수 있다

XML 문서는 인터넷 전용이 아니지만, 주로 인터넷을 통해 전 세계의 컴퓨터가 서로 데이터를 교환하는 데 쓰는 데이터 형식입니다. 이때 똑같은 이름의 태그라도 마크업 언어를 고안한 사람이 다양하게 의미를 부여해 버릴 우려가 있습니다. 예를 들어 〈cat〉이라는 태그를 고양이(CAT)라는 의미를 부여하려고 쓰는 사람도, 연결(conCATenate)[3]이라는 의미 부여를 하려고 쓰는 사람도 있을 겁니다.(그림 11.11)

이와 같은 혼란을 방지하기 위해 XML 이름 공간(XML namespaces)이라는 W3C 권고가 있습니다. 이름 공간이란 태그의 이름을 정의한 기업이나 인물을 나타내는 것입니다. 태그의 속성으로 xmlns = "이름 공간의 명칭"이라고 기술하면 이름 공간을 설정할 수 있습니다. xmlns는 XML의 NameSpace(이름 공간)라는 뜻입니다. 이름 공간의 명칭으로는 세계에서 유일한 식별자를 사용합니다. 인터넷 세계에서 유일한 식별자라고 하면 기업의 URL(Uniform Resource Locator)이 좋겠죠. 예를 들어 그레이프 시티사의 야자와가 고안한 〈cat〉이라는 태그면 XML 파일에서 다음과 같이 표현합니다. 이렇게 하면 다른 이름 공간인 〈cat〉과 구별할 수 있습니다.

---

3 UNIX계의 OS 단말기에서는 파일 내용을 표시할 때 cat이라는 명령을 사용합니다. 이 cat은 concatenate(연결)라는 뜻입니다. 컴퓨터 업계에서는 〈cat〉이라는 태그에서 '고양이'뿐만이 아니라 '연결'을 떠올리는 사람도 있을 겁니다.

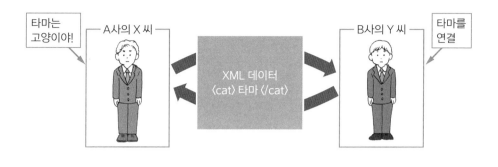

그림 11.11 세상은 넓어서 똑같은 태그에 다른 의미를 부여하는 사람도 있다

```
<cat xmlns="http://www.grapecity.com/yazawa">타마</cat>
```

이 예에서 〈cat〉 태그의 이름 공간으로 설정한 http://www.grapecity.com/ yazawa라는 URL은 세계에서 유일한 식별자로 쓰일 뿐입니다. 이 URL을 웹 브라우저의 주소로 지정한다고 꼭 웹 페이지가 표시되는 것은 아닙니다.

■ XML의 문서 구조를 엄격하게 정의할 수 있다

아까 설명한 '정형식 XML 문서' 외에 '타당한 XML 문서'(valid XML document)가 있습니다. 타당한 XML 문서란 XML 문서 안에 DTD(Document Type Definition. 문서 유형 정의)라는 데이터가 있음을 말합니다. 지금까지 설명을 계속 생략했지만, XML 문서 전체는 'XML 선언', 'XML 인스턴스', 'DTD' 이렇게 세 부분으로 구성됩니다. XML 선언이란 XML 문서 맨 앞에 있는 〈?xml version="1.0" encoding="UTF-8"?〉 부분입니다. XML 인스턴스란 태그로 마크업된 부분입니다. DTD는 XML 인스턴스의 문서 구조를 정의한 것입니다. DTD는 생략할 수 있지만, DTD가 있으면 XML 인스턴스의 내용이 적절한 표현인지 아닌지(타당한지 아닌지) 철저하게 점검할 수 있습니다.

그림 11.12는 DTD가 기술된 XML 문서의 예입니다. 〈!DOCTYPE mydata [와]〉로 감싼 부분이 DTD입니다. 이 DTD는 〈mydata〉 안에 하나 이상의 〈company〉가 있고 〈company〉 안에 〈name〉과 〈address〉가 있다는 것을 정의하고 있습니다. 기업의 명칭과 주소를 나타내는 XML 문서라고 생각하세요. 이 같은 DTD를 정의해 두면, 기업 명칭이 기술돼 있어도 주소가 기술돼 있지 않은 부분이 있을 경우, 이를 타당한 XML 인스턴스가 아니라고 판단할 수 있습니다. 여기서는 DTD의 세세한 기술 방식은 신경 쓰지 말고 DTD라는 게 있다는 사실만 알면 됩니다.

DTD와 마찬가지로 XML 인스턴스 구조를 정의하는 수단으로 XML Schema (XML 스키마)도 있습니다. DTD는 마크업 언어의 원조라고도 할 수 있는 SGML(Standard Generalized Markup Language)의 사양을 XML에 차용한 것이지만, XML Schema는 XML을 위해 새롭게 고안한 것이기 때문에 데이터 형태

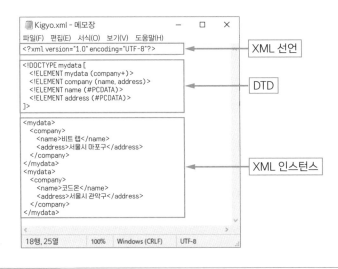

그림 11.12 DTD가 기술된 XML 문서의 예

나 자릿수 등을 꼼꼼하게 점검할 수 있어요. DTD는 1996년 W3C 권고이며, XML Schema는 2001년 W3C 권고입니다.

■ XML을 해석하는 컴포넌트가 존재한다

XML 문서로 데이터를 기술하면 컴퓨터로 처리할 수 있다고 설명했습니다. 그럼 XML 문서를 처리하는 프로그램을 만들려면 어떻게 해야 할까요?

XML 문서는 텍스트 파일이기 때문에 특정한 프로그래밍 언어를 사용해 파일을 읽고 쓰는 프로그램을 만들면 된다고 생각하겠죠? 물론 이것도 정답입니다. 단, 프로그램을 처음부터 손수 만들기에는 너무나도 번거롭죠. 태그를 분리하는 순서는 XML 문서의 내용이 다르더라도 거의 똑같이 처리합니다. '누가 그 처리를 만들어서 제공해 주지 않을까?'라고 생각하는 이는 필자뿐만이 아닐 겁니다. 사실, XML 문서를 처리하는 프로그램 부품(컴포넌트)이 있는데요. 그건 바로 W3C에서 권고하는 DOM(Document Object Model) 및 XML-dev라는 커뮤니티가 개발한 SAX(Simple API for XML)입니다.

DOM도 SAX도 컴포넌트 사양이라, 특정한 제조사나 커뮤니티 등에서 실제로 사용할 수 있는 컴포넌트를 제공합니다. 여기서는 그 예로, Python이라는 프로그래밍 언어를 사용해 이 장의 전반부에서 소개한 MyPet.xml이라는 XML 문서를 읽어 태그와 데이터를 추출해 표시하는 프로그램을 만들어볼게요.

Python에는 표준으로 minidom이라는 컴포넌트가 있어서, 이것을 사용하겠습니다. 프로그램 내용을 세세하게 이해하지 않아도 됩니다. DOM을 사용해 간단한 절차로 XML 문서를 처리하는 데에만 주목하세요.(List 11.1, 그림 11.13)

■ XML은 다양한 상황에서 이용하고 있다

XML을 사용해 다양한 마크업 언어를 개발하고 있습니다. 그중에는 W3C에서

List 11.1 DOM을 사용한 프로그램의 예

```
#DOM의 컴포넌트를 가져오기
from xml.dom.minidom import parse

# MyPet.xml에서 태그와 데이터를 추출해 표시
doc = parse('MyPet.xml')
node0 = doc.getElementsByTagName("pet")
for node1 in node0:
    for node2 in node1.childNodes:
        if node2.nodeName == "dog":
            print("dog…" + node2.childNodes[0].data)
        elif node2.nodeName == "cat":
            print("cat…" + node2.childNodes[0].data)
```

```
cat … 타마
dog … 포치
```

그림 11.13 List 11.1의 실행 결과

표 11.2 XML로 만든 주요 마크업 언어(W3C 권고)

언어	용도
XSL	XML 문서를 레이아웃
MathML	수식을 기술
SMIL	멀티미디어 데이터를 웹 페이지에 조합
SVG	벡터를 사용해 이미지 데이터를 표현
XHTML	웹 페이지를 기술하는 HTML을 XML로 정의한 것

권고한 것도 있습니다.(표 11.2) 과거에는 제조사마다 애플리케이션의 사양이 독자적이어서 수식이나 멀티미디어 데이터 등의 표현이 회사마다 달랐지만, 현재는 세계 표준인 XML 형식의 마크업 언어를 이용할 수 있습니다.

각각의 마크업 언어에서는 각 목적을 실현하는 다양한 태그가 정의돼 있습니다. 그 예로 수식을 기술하는 MathML(Mathematical Markup Language)을 소개합니다. MathML에서는 거듭제곱, 분수, 제곱근 등을 나타내는 태그가 정의돼 있습니다. MathML에서 아래 수식을 기술하면 그림 11.14처럼 나옵니다.

$$aX^2 + bX + c = 0$$

다양한 상황에서 XML은 여전히 이용되고 있으며 앞으로도 새로운 방식으로 활용될 가능성이 있습니다. 단, 모든 데이터를 XML 형식으로 만들어야 한다고

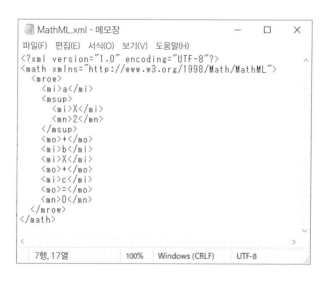

그림 11.14 MathML로 수식을 기술한 예시

단정하지는 마세요. XML은 범용적인 데이터 형식이라는 점에 의미가 있습니다.

즉 서로 다른 기계의 각 프로그램이 인터넷으로 서로 접속된 환경에서 크게 도움이 된다고 볼 수 있습니다. 컴퓨터 한 대, 또는 기업 한 곳에서만 쓰는 데이터라면 XML 형식으로 만들어봐야 이렇다 할 장점은 거의 없습니다. 파일 크기만 커지니 헛수고를 한 건지도 모릅니다. XML은 만능이 아니라 '범용'입니다. 게다가 JSON이나 YAML 같은 대안도 있으니 목적에 맞는 형식을 선택하는 것이 중요합니다. 다음 장에서는 다양한 기술을 조합해 구축하는 '컴퓨터 시스템'을 설명하겠습니다.

제 **12** 장

SE는
컴퓨터 시스템 개발의
현장감독

워 밍 업

본문을 읽기 전, 워밍업으로 아래 퀴즈에 도전해 보세요.

퀴즈

초급 문제

SE는 무엇의 약자일까요?

중급 문제

IT는 무엇의 약자일까요?

상급 문제

시스템 개발 절차의 모델을 하나 들어주세요.

어떤가요? 다시 보니 간결하게 답하기 어려운 문제도 있지 않았나요?
정답과 해설은 아래에 있습니다.

정답

초급 문제 : SE는 System Engineer의 약자입니다.

중급 문제 : IT는 Information Technology의 약자입니다.

상급 문제 : 시스템 개발 절차에는 '폭포수 모델', '프로토타입 모델', '나선형 모델'
　　　　　 등이 있습니다.

해설

초급 문제 : SE는 컴퓨터 시스템 개발의 모든 공정에 관여하는 엔지니어입니다.

중급 문제 : 일반적으로 IT라고 하면 컴퓨터 활용을 의미하지만, Information
　　　　　 Technology라는 말에는 컴퓨터라는 의미가 포함돼 있지 않습니다.

상급 문제 : 폭포수 모델을 이용한 개발 절차를 본문에서 자세히 설명하겠습니다.

제1장에서 제11장까지 컴퓨터와 관련한 다양한 기술을 개별적으로 언급했습니다. 최종장인 제12장에서는 많은 기술을 조합해 개발하는 '컴퓨터 시스템'과 컴퓨터 시스템을 만들어내는 SE(System Engineer)에 관한 이야기를 해보려 합니다. 기술뿐만 아니라 비즈니스와 관계있는 화제도 나옵니다. 비즈니스에는 절대적인 정답이 없습니다. 따라서 이 장에는 필자의 개인적인 생각이 포함될 수 있으니 양해 부탁드립니다.

　　"장래 목표는 차트 1위입니다." 이 말이 한때 신인 아이돌 가수의 전형적인 포부였던 것처럼, "장래 목표는 SE입니다!"가 신입 엔지니어의 전형적인 포부였습니다. SE에는 컴퓨터 엔지니어의 정점이라는 이미지가 있었습니다. 하지만 최근에는 SE가 되고 싶은 사람들이 그 정도로 많지 않은 듯합니다.

　　고객과 교섭하는 것이 서툴다, 프로젝트를 관리하는 일이 번거롭다, 청바지 차림으로 묵묵하게 컴퓨터나 보고 있는 게 속 편하다, 이런 속내가 SE가 되고 싶지 않은 이유인 것 같습니다. 과연 SE란 그 정도로 하기 싫은 일일까요? 아뇨, 틀렸습니다. SE는 재미있고 보람찬 일입니다. SE에 요구되는 기술과 SE의 사업 내용을 설명해 보겠습니다.

■ SE는 시스템 전체에 관여하는 엔지니어

SE는 도대체 어떤 일을 하는 사람일까요? 필자 손에 있는 PC 용어 사전에는 SE라는 용어를 아래와 같이 설명하고 있습니다.

업무를 컴퓨터화할 때 업무 내용을 조사 분석해서 컴퓨터 시스템의 기본 설계와 그 세세한 사양을 결정하는 기술자를 일컬음. 시스템 개발의 프로젝트 관리와 소프트웨어 개발 관리, 유지 보수 관리도 함. 주요 업무가 기본 설계이기 때문에 프로그램을 작성하는 프로그래머와 달리, 하드웨어 시스템과 소프트웨어의 구축 방법, 업무 전반에 걸친 폭넓은 지식과 프로젝트 관리 경험이 요구됨.

간단하게 말해 'SE란 컴퓨터 시스템 전체에 관여하는 엔지니어이며, 프로그래밍에만 관여하는 프로그래머와는 다르다.'라는 겁니다. 시스템이란 '여러 요소가 서로 관계가 있고, 한꺼번에 기능하는 계통'을 말합니다. 다양한 하드웨어와 소프트웨어를 조합해 구축한 시스템이 컴퓨터 시스템입니다.

컴퓨터 시스템은 지금까지 수작업으로 하던 업무를 효율화하려고 도입합니다. SE는 수작업 업무 내용을 조사 분석해 그것을 컴퓨터 시스템으로 치환하는 기본 설계를 해서 세세한 사양을 결정합니다. 소프트웨어 작성(프로그래밍) 작업은 프로그래머에게 맡기고, SE는 프로젝트 관리와 소프트웨어 개발 관리를 합니다. 컴퓨터 시스템을 도입한 후 유지 보수 관리도 합니다.

즉 SE는 컴퓨터 시스템 개발의 맨 처음(조사 분석)부터 맨 마지막(유지 보수 관

표 12.1 SE가 요구받는 기술과 프로그래머가 요구받는 기술

직종	일의 내용	요구받는 기술
SE	고객의 업무 내용을 조사 분석 컴퓨터 시스템의 기본 설계 컴퓨터 시스템의 사양 결정 개발비와 개발 기간의 견적 프로젝트 관리 소프트웨어 개발 관리 컴퓨터 시스템의 유지 보수 관리	히어링 프레젠테이션 하드웨어 소프트웨어 네트워크 데이터베이스 보안 관리 능력
프로그래머	소프트웨어 작성(프로그래밍)	프로그래밍 언어 알고리즘과 데이터 구조 개발 툴과 컴포넌트에 대한 지식

리)까지 모든 공정에서 작업하는 엔지니어입니다. 프로그래밍이라는 부분 작업을 하는 프로그래머보다, 연관된 일의 범위가 현격히 넓습니다. 그 때문에 SE는 하드웨어와 소프트웨어부터 프로젝트 관리까지, 다양한 기술을 요구받습니다.(표 12.1)

■ 꼭 프로그래머를 경험해야 SE가 되는 것은 아니다

SE는 이름 그대로 엔지니어(기술자)의 일종이지만, 세세한 작업을 꾸준하게 해내는 '장인'이 아니라 장인을 돌봐주는 '관리자'에 가까운 직종이라고 할 수 있습니다. 집 건축으로 예를 들자면 프로그래머가 목수고 SE는 감독 또는 현장감독이라고 할 수 있겠죠. 단, 오해하지 마세요. SE가 프로그래머보다 직책이 위는 아닙니다. 프로그래머의 직무 경력 연장선상에 SE가 있다고 할 수는 없습니다.

확실히 20대에 프로그래머를 경험한 후에 30대에 SE가 되는 사람도 있긴 하지만(프로그래머→SE), 20대에 작은 컴퓨터 시스템의 SE를 경험한 후 30대에 큰 컴퓨터 시스템의 SE가 되는 사람도 있습니다.(신입 SE→ 베테랑 SE) 애당초 SE와 프로그래머는 직종이 완전히 다르다고 생각하면 됩니다. 기업 내 SE 부문에서 담당→ 과장→ 부장이라는 직무 경력을 가지고 있다면, 프로그래머 부문에서도 담당→ 과장→ 부장이라는 직무 경험이 있는 게 당연합니다.

단, 현재 일본에서는 대규모 프로그램인 OS(Operating System)나 DBMS (Database Management System. 데이터베이스 관리 시스템) 등을 만드는 기업이 거의 존재하지 않기 때문에 일반적으로 프로그래머 부문은 소규모고, SE 부문이나 다른 관리 부문의 아래에 있는 경우가 대부분입니다. 프로그래밍 업무를 통째로 외부 기업에 위탁해 버리는 일까지 있습니다. 그 때문에 프로그래머라는 직함 그대로 부장까지 승진하는 사람은 거의 없습니다. 프로그래머가 SE의 부하가 되는 게 현실이죠.

■ 시스템 개발 절차의 규범이란?

SE는 컴퓨터 시스템 개발의 맨 처음부터 끝까지 모든 공정에 관여하는 엔지니어입니다. 컴퓨터 시스템이 어떤 절차로 개발되는지 설명해 보겠습니다. 모든 일에는 규범이 있습니다. 말 그대로 실천하지 못하더라도 모범이라 할 만한 기법을 말합니다.

컴퓨터 시스템 개발 절차의 규범에는 '폭포수 모델'이라고 불리는 것이 있습니다. 폭포수 모델에서는 그림 12.1에 표현한 공정 7개로 개발합니다.

한 공정 작업이 끝나면 문서(document. 보고서)를 작성해 리뷰(review. 검토)를 합니다. 리뷰를 위한 회의를 개최해 SE가 문서 내용을 개발팀 멤버, 상사 및 고객에게 설명합니다. 리뷰에 합격하면 상사와 고객에게 승인을 받고, 다음 공정을 진행합니다. 리뷰에 합격하지 못하면 다음 공정을 진행하지 못합니다. 다음 공정으로 진행되면 되돌아올 수 없습니다.

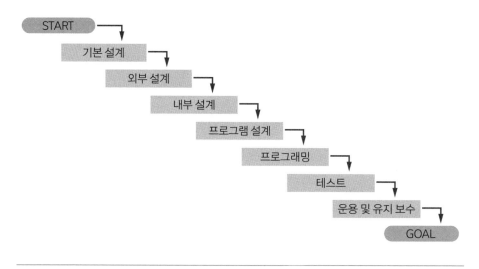

그림 12.1 폭포수 모델의 공정

그림 12.2 폭포수 모델의 이미지

되돌아오지 않아도 되도록 각 공정의 작업을 완벽하게 마무리하고, 철저하게 리뷰하는 것이 폭포수 모델의 특징입니다. 개발 절차의 흐름이 마치 폭포수처럼 단계적이고 되돌아오지 않기 때문에 waterfall(폭포수)이라고 불립니다. 개발팀을 태운 배가 폭포수 몇 개를 통과(리뷰에 합격)하며 상류에서 하류까지 강을 타고 내려가는 이미지인 거죠.(그림 12.2) 이 배의 사공은 물론 SE입니다.

■ 각 공정의 작업 내용과 문서

폭포수 모델에 따른 각 공정의 작업 내용과 문서 종류를 설명해 보겠습니다. 문서 종류에 정해진 것은 없습니다. 이것들은 어디까지나 하나의 예시일 뿐입니다.(표 12.2)

'기본 설계' 공정에서는 SE가 컴퓨터 시스템의 고객에게 요구 사항을 듣고, 현재 상태의 수작업 업무 내용을 조사 및 분석합니다. 그 결과로 작성된 문서는 '시스템 계획서'와 '시스템 기능 요구 사양서' 등입니다.

표 12.2 각 공정에서 작성되는 문서의 종류

공정	문서
기본 설계	시스템 계획서, 시스템 기능 요구 사양서
외부 설계	외부 설계서
내부 설계	내부 설계서
프로그램 설계	프로그램 설계서
프로그래밍	모듈 설계서, 테스트 계획서
테스트	테스트 보고서
운용 및 유지 보수	운용 절차서, 유지 보수 보고서

컴퓨터 시스템의 설계는 3가지 공정으로 나눕니다. 집요하다 싶겠지만 어디까지나 규범으로서입니다. 첫 번째 '외부 설계'는 컴퓨터 시스템을 바깥에서 본 설계입니다. 취급하는 데이터, 화면의 사용자 인터페이스 및 프린터로 인쇄하는 전표 등을 설계합니다. 두 번째 '내부 설계'는 컴퓨터 시스템을 안쪽에서 본 설계입니다. 외부 설계 내용을 구현하려고 상세하게 설계하죠. 컴퓨터 업계에서 '외부' 또는 '내부'라는 말이 나오면 사용자 시점에서 본 것을 '외부'라고 부르고, 개발자 시점에서 본 것을 '내부'라고 부르는 것이 일반적입니다.

외부 설계는 사용자에게 보이는 부분의 설계고, 내부 설계는 관계자에게 보이는(사용자에게는 안 보임) 부분의 설계라고 생각하면 이해하기 쉽습니다. 세 번째 '프로그램 설계'는 내부 설계의 내용을 프로그램으로 치환하려고 더욱 상세하게 설계하는 것입니다. 위에 설명한 3가지 설계 공정의 결과로 외부 설계서, 내부 설계서, 프로그램 설계서 등의 문서가 작성됩니다.

'프로그래밍' 공정에서는 프로그램 설계서의 내용에 근거해 프로그래머가 프로그램 입력 작업(코딩)을 합니다. 충분한 프로그램 설계가 완료돼 있기만 하면 프로그래밍은 매우 단순한 작업입니다.

프로그램 설계서 내용을 프로그래밍 언어의 표현으로 치환하는 게 다거든요. 문서로는 프로그램 구조를 나타내는 '모듈 설계서'나 다음 공정을 위한 '테스트 계획서'가 작성됩니다. 모듈이란 프로그램의 구성 요소를 말해요.

'테스트' 공정에서는 테스트 계획서의 내용에 근거해 프로그램 기능을 확인합니다. 문서로 작성되는 '테스트 보고서'에서는 테스트 결과를 정량적으로(숫자로) 표기해야 합니다. "테스트했습니다."나 "괜찮았습니다." 같은 막연한 테스트 결과로는 합격 여부를 판정할 수 없습니다.

테스트 결과를 정량적으로 나타내는 방법으로는 '시스템 기능 요구 사양서'에 있는 각 기능을 확인하면 빨간펜으로 칠하기(색칠 체크), 모든 코드 작동을 확인했다는 것을 표현하기(coverage) 등이 있습니다. "색칠 체크를 통해 95%의 기능이 적절하게 작동하는 것을 확인했습니다."나 "80%의 커버리지를 완료했습니다." 같은 정량적인 테스트 결과가 나오면 진척이나 합격 여부를 판단할 수 있습니다.

테스트에 합격하면 '운용 및 유지 보수'의 공정이 진행됩니다. 운용은 컴퓨터 시스템을 고객의 환경에 도입(설치)해서 사용하는 것입니다. 유지 보수는 컴퓨터 시스템의 정상적인 작동을 정기적으로 확인해 필요에 따라 파일을 백업받거나 경우에 따라서는 부분적으로 개조하는 것입니다. 이 공정은 고객이 컴퓨터 시스템을 사용하는 한 언제까지고 계속됩니다. 작성되는 문서는 '운용 절차서'나 '유지 보수 보고서' 등입니다.

■ 설계란 곧 세분화를 말하는 것이다

그림 12.1의 폭포수 모델 공정을 상류에서 하류까지 한 번 더 쫓아가 보세요. 기본 설계부터 프로그램 설계까지는 컴퓨터 시스템으로 치환할 수 있는 수작업 업무를 작은 요소로 세분화해 나가는 작업입니다. 프로그래밍부터 운용 및 유지

보수까지는 세분화한 작은 요소를 프로그램 모듈로 작성하고, 모듈을 결합해 컴퓨터 시스템으로 마무리하는 작업입니다.

규모가 큰 어떤 것을 처음부터 끝까지 하나하나 만드는 일은 불가능합니다. 이것은 컴퓨터 시스템만 그런 것이 아닙니다. 건물이나 비행기도 마찬가지입니다. 큰 것은 작은 요소로 나눠 설계합니다. 각 요소의 설계도와 전체 설계도를 만들 수 있겠죠.

각 요소의 설계도를 이용해 작은 부품(프로그램 모듈)을 작성합니다. 각 부품을 테스트(유닛 테스트)해서 OK를 받으면, 전체 설계도를 보며 부품을 조합합니다. 조합한 부품이 제대로 연계해 작동하는지 테스트(결합 테스트)합니다. 이렇게 해서 큰 컴퓨터 시스템을 개발하는 겁니다.(그림 12.3) 컴퓨터 시스템 설계란 세분화, 즉 모듈화라고 할 수 있습니다. 프로그램 모듈화에는 크게 나눠 두 기법이 있습니다. 바로 '절차 지향'과 '객체 지향'이죠.(표 12.3)

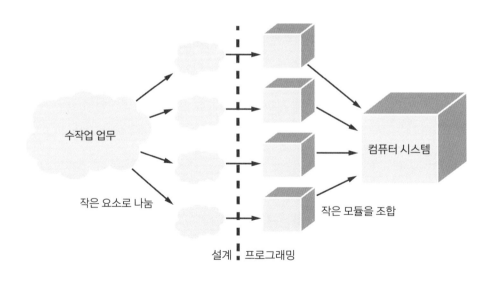

그림 12.3 작은 모듈을 조합해 큰 컴퓨터 시스템을 개발한다

표 12.3 프로그램의 모듈화 기법

기법	사고방식
절차 지향	절차(처리)를 모듈로 함
객체 지향	객체(구체적인 어떤 것)를 모듈로 함

절차 지향은 '절차적 프로그래밍'이라고 불리기도 합니다. 컴퓨터 시스템은 수작업으로 진행하던 업무를 컴퓨터로 치환해 효율화하는 것입니다. 설계할 때는 수작업 업무를 컴퓨터 특성에 맞춰 모듈화합니다. 절차 지향에서는 업무에 속하는 처리를 모듈로 만듭니다. 객체 지향에서는 업무에 속하는 것을 모듈로 만듭니다. 두 방식은 어느 쪽이 더 우월하고 말고가 없습니다. 설계하는 사람의 감각에 맞춰 잘 구별해 사용하면 됩니다.

■ 테크니컬 스킬과 커뮤니케이션 스킬

지금까지 설명한 것처럼 SE는 다양한 스킬을 요구받지만, 크게 나누면 테크니컬 스킬(technical skill)과 커뮤니케이션 스킬(communication skill) 이렇게 2가지로 분류할 수 있습니다. 테크니컬 스킬이란 하드웨어, 소프트웨어, 네트워크, 데이터베이스, 보안 등의 기술을 활용할 수 있는 능력을 말합니다. 커뮤니케이션 스킬이란 인간끼리 정보를 교환하는 능력을 말합니다. 쌍방향의 정보 교환 능력이 요구되죠. 정보 교환의 한 가지 방향은 SE가 고객에게서 정보를 듣는 히어링(고객→SE)이고, 또 한 방향은 SE가 고객에게 정보를 전달하는 프레젠테이션(SE→고객)입니다. SE는 테크니컬 스킬과 커뮤니케이션 스킬, 양쪽을 익혀야 합니다. 이를 위해서는 우선 양쪽의 기초 지식을 확실하게 통달해 두는 것이 중요합니다.

테크니컬 스킬의 기초 지식들은 제1장부터 꾸준하게 설명했습니다. 그럼, 커뮤니케이션 스킬의 기초 지식이란 대체 뭘까요? 인사 잘하기, 올바른 언어로 문서

그림 12.4 SE의 입장=IT를 잘 아는 사람

를 작성하는 능력, 큰 소리로 이야기할 수 있는 역량 등을 생각할 수 있겠네요. 물론 모두가 중요합니다. 일반적인 사회인의 상식을 갖추는 일이 커뮤니케이션 스킬의 기초라고 할 수 있습니다. SE라는 사회인 역시 상식이 있어야 합니다. 그 상식은 바로 'IT가 뭔지 안다는 것'입니다.

사회인에게는 입장(stance)이라는 게 있습니다. SE라는 직함을 걸고 고객 앞에 서면, 고객은 SE가 IT를 잘 아는 사람일 것이라고 생각합니다.(그림 12.4) 만약 SE가 IT를 모르면 어떻게 될까요? 커뮤니케이션이 성립할 수가 없겠죠.

필자는 SE를 꿈꾸는 신입 사원을 위한 세미나에서 "SE가 고객에게 해야 할 첫 번째 한마디는 무엇일까요?"라는 퀴즈를 낸 적이 있습니다. 신입 사원 대부분은 "어떤 컴퓨터 시스템이 필요한가요?"라고 대답했습니다. 이 대답도 문제는 없지만, 정답이라고 보기는 힘듭니다. 고객의 근본적인 바람은 컴퓨터 시스템을 도입하는 것이 아니기 때문입니다. 고객은 현재 문제를 컴퓨터로 해결할 수 있기를 기대합니다. 따라서 SE가 고객에게 제일 먼저 해야 할 말은 "어떤 점이 어렵나요?"입니다. 고객이 어려워하는 문제를 듣고 해결책, 즉 IT 솔루션을 제안하는 것이 SE의 역할입니다.

■ IT란 컴퓨터를 도입하는 일이 아니다

IT는 Information Technology(정보 기술)의 약자지만, '정보 활용 기술'이라고 번역하면 이해가 쉽죠? 세간에서는 일반적으로 IT화라고 하면 컴퓨터 도입, IT 산업이라고 하면 컴퓨터 업계를 말하지만 SE를 'IT＝컴퓨터 도입'이라고 생각해서는 안 됩니다. 컴퓨터는 IT 도구입니다. 극단적으로 말하면 컴퓨터를 사용하지 않는 IT도 가능합니다.

예를 들어 여러분은 회사 밖의 사람들이 준 수십~수백 장의 명함을 가지고 있을 테죠. 그 명함을 어떻게 활용하고 있나요? '명함 폴더에 넣고, 글자 순으로 분류하고, 전화나 우편으로 연락하고 싶을 때 참고한다.' 흠, 제법 IT답네요! '추석이나 연말에 선물을 보낼지 말지 구별하려고 매입처, 판매처 등으로 분류한다.' 이제 더욱더 IT다워졌네요! 여기서 'IT답다!'라는 말은 '정보 활용을 하고 있다!'라는 뜻입니다.

컴퓨터를 사용하지 않아도 수작업으로 정보를 활용하고 있다면 훌륭한 IT라고 할 수 있습니다. '명함에 거래 기록을 손으로 기입해 왔는데 너무 번거롭다.' 오호라! 이러면 이제 드디어 컴퓨터가 등장할 차례군요. 수작업으로 처리하던 IT 문제를 컴퓨터로 해결해 보겠습니다.(그림 12.5)

SE는 수작업 업무를 분석해 고객이 안고 있는 문제를 컴퓨터로 해결할 수 있는 수단을 제안합니다. 만약 수작업 업무로 전혀 'IT답지 않게' 일하는 고객이 컴퓨터만 도입하면 자연스레 IT답게 일할 수 있다고 믿고 있다면 어떻게 해야 할까요? SE는 컴퓨터가 뭐든 해결할 수 있는 꿈의 기계가 아니라는 사실을 고객에게 설명해야 합니다.

■ 컴퓨터 시스템의 성공과 실패

이 장의 서두에서 SE는 매우 즐겁고, 보람 있는 일이라고 설명했습니다. 그 이

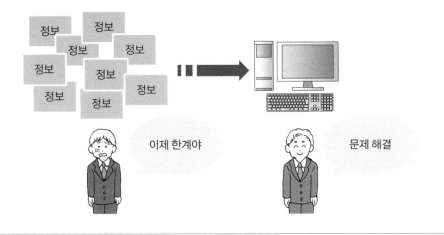

정보 정보 정보 정보 정보 정보 정보 정보 정보

이제 한계야

문제 해결

그림 12.5 수작업으로 처리하던 IT 문제를 컴퓨터를 도입해 해결한다

유는 컴퓨터 시스템을 성공적으로 도입하면 큰 성취감을 얻을 수 있기 때문입니다. 이건 고객과 직접 커뮤니케이션을 할 수 있는 SE만의 특권입니다. "해냈군요! 살았다! 고마워요!"라고 말하는 고객의 미소를 보며 "또 어려운 일이 생기면 부탁할게요!"라고 말하는 고객의 신뢰를 얻으면, SE라는 업무를 담당한 사람으로서 진심으로 만족할 수 있을 테죠. 이를 위해서는 어떻게든 컴퓨터 시스템을 성공적으로 도입해야 합니다.

성공한 컴퓨터 시스템이란 무엇일까요? 바로 고객 요구를 충분히 만족시킨 컴퓨터 시스템입니다. 고객은 컴퓨터 기술을 바라지 않습니다. 컴퓨터로 구현한 IT 솔루션을 기대하는 거예요. 고객 요구대로 도움이 되면서도, 안정적으로 작동하는 컴퓨터 시스템이어야 합니다. 성공할지 실패할지 판단하는 것은 매우 간단합니다. 도입한 컴퓨터 시스템을 고객이 잘 사용하고 있으면 성공입니다.

실패한 컴퓨터 시스템은 아무리 고도의 기술을 사용하고 아무리 아름다운 사용자 인터페이스라고 해도 '역시 수작업이 더 일하기 편해.'라는 이유로 사용되지 않습니다.

여기서 컴퓨터를 사용한 IT 솔루션을 제안하는 연습을 해보죠. 명함 폴더를 사용한 수작업 IT에 한계를 느끼는 고객이 있다고 치겠습니다. 어떤 제안을 하겠어요? '명함 관리 시스템' 같은 고객 맞춤 컴퓨터 시스템을 제안하겠다고 생각했다면 잠시만요. 고객에게는 예산이라는 게 있습니다. SE는 예산 걱정도 해야 합니다. 고객 예산에 맞지 않는 과잉 품질의 컴퓨터 시스템을 제안해서는 안 됩니다.

이 고객의 경우는 PC 1대＋프린터 1대＋Windows＋시판 주소록 소프트웨어(예를 들어 연하장 소프트웨어)라는 구성이면 충분할 겁니다.(그림 12.6) 이런 시판 품만 조합한 구성이라도 훌륭한 컴퓨터 시스템이며, 충분히 IT 솔루션을 제공할 수 있습니다. 컴퓨터 시스템 도입에 드는 비용을 총액 200만 원 이내로 맞출 수 있겠죠. 고객은 "200만 원이면 도입해 보죠."라고 말할 겁니다. 이 컴퓨터 시스템을 도입해 고객이 잘 사용하면 성공입니다.

그러려면 필요할 때 반드시 사용할 수 있는 배려도 필요합니다. 컴퓨터 시스템에는 장애가 따르기 마련입니다. 어떤 장애가 발생할지 예측하고, 장애를 사전에 방지할 대책을 세워둬야 합니다. 고객에게 가장 중요한 것은 돈만 있으면 몇 번이고 다시 구매할 수 있는 시판 제품이 아닙니다. PC의 저장장치(하드디스크 또는 SSD)에 기록된 명함 정보죠. 만에 하나 저장장치가 고장 나더라도 큰 장애가 되지 않도록, 정기적으로 백업을 받아두라고 제안하는 것이 좋습니다.

그림 12.6 이래 봬도 훌륭한 컴퓨터 시스템

■ 가동률을 대폭 올리는 다중화

컴퓨터 시스템에 정보를 백업하는 시스템을 추가하면, 고객 요구를 충분히 만족시킬까요? 아직 걱정이네요. 현재 상태의 컴퓨터 시스템은 PC와 프린터가 1대씩밖에 없습니다. 어느 한 군데가 고장 나면 컴퓨터 시스템 전체를 사용하지 못합니다. 컴퓨터 시스템을 구성하는 각 요소의 상태는 정상적으로 작동 중인지, 고장 나서 수리 중인지 둘 중 하나입니다. 정상적으로 작동하고 있는 상태의 비율을 '가동률'이라고 부릅니다. 가동률은 그림 12.7의 간단한 계산식으로 구할 수 있습니다.

컴퓨터 시스템을 구성하는 요소를 다중화하면 가동률을 깜짝 놀랄 만큼 향상할 수 있다는 사실을 기억하세요. 구체적인 예를 보여드리겠습니다. 현재 상태에서는 1대씩 사용하는 PC의 가동률이 90%고, 프린터의 가동률이 80%라고 하죠.(실제 PC와 프린터의 가동률은 더 높지만, 계산하기 쉬운 값으로 했습니다.)

이 컴퓨터 시스템은 사용자가 입력한 전체 정보의 90%가 PC를 통과해 프린터에 도달하고, 더 나아가 도달한 정보의 80%가 프린터를 통과해 무사히 인쇄되는 '직렬 시스템'입니다. 따라서 컴퓨터 시스템 전체의 가동률은 $0.9 \times 0.8 = 0.72 = 72\%$가 됩니다.(그림 12.8)

이번에는 똑같은 기능의 PC와 프린터를 2대씩 사용한 '병렬 시스템'으로 해보죠. PC도 프린터도 어느 한쪽이 작동하고 있으면, 컴퓨터 시스템 전체는 고장 나지 않은 것입니다. PC의 가동률은 90%이기 때문에 그 반대인 고장률은 10%입니다.($100\% - 90\% = 10\%$) PC 2대 모두 동시에 고장 날 확률은 $10\% \times 10\% = 0.1 \times 0.1 = 0.01 = 1\%$입니다. 따라서 PC 2대를 묶어서 생각하면, 가동률은 $100\% - 1\% = 99\%$입니다. 마찬가지로 프린터의 가동률은 80%이기 때문에 고장률은 20%입니다.($100\% - 80\% = 20\%$)

프린터가 2대 모두 동시에 고장 날 확률은 $20\% \times 20\% = 0.2 \times 0.2 = 0.04 = 4\%$입니다. 따라서 프린터 2대를 묶어 생각한다면, 가동률은 $100\% - 4\% = 96\%$입니

$$가동률 = \frac{정상적으로\ 작동하는\ 시간}{정상적으로\ 작동하는\ 시간 + 고장으로\ 수리\ 중인\ 시간}$$

그림 12.7 가동률의 계산식

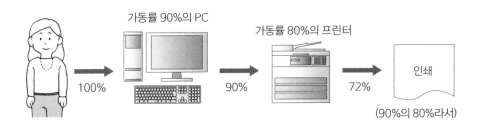

가동률 90%의 PC

가동률 80%의 프린터

100% 90% 72% 인쇄

(90%의 80%라서)

그림 12.8 직렬 시스템의 가동률

다. 위 내용을 정리하면, PC와 프린터를 2대씩 사용한 병렬 시스템은 가동률 99%의 PC와 가동률 96%의 프린터를 이용해 구성한 직렬 시스템이라고 생각할 수 있고, 가동률은 0.99×0.96≒0.95＝95%가 됩니다.(그림 12.9)

PC와 프린터를 1대씩 사용한다면 가동률은 72%였지만, 각각 2대로 늘리면 가동률이 단숨에 95%까지 올라갑니다. 이 숫자를 보여주면 고객은 비용이 2배가 된다는 사실도 받아들일 겁니다. 이처럼 SE는 기술이 뒷받침된 제안을 할 수 있어야 합니다.

컴퓨터 업계에 'SE가 프로그래머보다 격이 높다.'라는 이미지가 있는 건 사실입니다. 그럼 모든 컴퓨터 기술자들은 미래에 SE를 꿈꿔야 할까요? 프로그래밍을 좋아하더라도, 평생 프로그래머로 일하고 싶다는 마음은 틀렸을까요? 그런 것은 아닙니다. 평생 프로그래머로 일해도 됩니다.

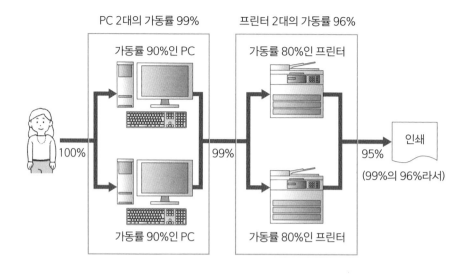

PC 2대의 가동률 99%   프린터 2대의 가동률 96%

가동률 90%인 PC   가동률 80%인 프린터

인쇄

100%   99%   95%
(99%의 96%라서)

가동률 90%인 PC   가동률 80%인 프린터

그림 12.9 병렬 시스템의 가동률

단, 컴퓨터 업계의 프로라면 기술에만 내내 주목해서는 안 됩니다. 기술을 이해하고 컴퓨터를 이해하는 것은 확실히 즐겁지만, 이러면 언젠가 일이 재미없어집니다. 30대 정도에 컴퓨터 업계를 떠나는 사람은 기술을 쫓아가지 못해서가 아니라 일에서 재미를 잃어버린 경우입니다.

프로(사회인)는 사회에 공헌했을 때 진정한 성취감을 느낄 수 있으며 그 후부터는 일이 재미있어집니다. '그런 거면 프로그래머이더라도 사회 공헌을 한다는 의식이 있으면 되는 거 아냐?'라고 생각하실 테죠. 바로 그겁니다! SE든 프로그래머든, 컴퓨터와 관련된 모든 엔지니어는 '컴퓨터 기술로 사회에 도움을 준다.'라는 의식을 갖추세요. 그렇게 하면 오랫동안 컴퓨터와 사이좋게 지낼 수 있습니다.

이 책이 탄생한 경위를 이야기해 보겠습니다. 이 책을 쓰기 전에 저는 컴퓨터 프로그램이 어떻게 작동하는지를 밑바닥에서부터 차근차근 설명하는 책을 집필한 적이 있습니다. 놀랍게도 이 책은 20만 부 이상 팔리며 독자 여러분의 사랑을 많이 받았습니다. 정말 감사합니다. 단, 기뻐하기만 해서는 안 되겠죠. 많은 분이 보내주신 애독자 카드(당시 서적에는 독자 앙케트 엽서가 끼워져 있었습니다.)에는 "장안의 화제라길래 샀는데 내용이 너무 어려워서 이해를 못했다."라는 감상이 있었기 때문입니다.

필자는 미안한 기분이 들었습니다. '차기작은 중요한 기초부터 시작해 지식의 범위와 목표를 명확하게 보여주고, 전작보다 쉽게 이해할 수 있도록 설명하자.' 이런 마음이 강하게 들었습니다. 이 같은 마음으로 집필한 것이 바로 지금 여러분이 읽고 있는 이 책입니다. 이번 개정판에서도 이때의 마음을 담아 작업했습니다. 어땠나요? 여러분이 '컴퓨터를 이해했다.', '컴퓨터가 더 재미있어졌다.'라고 느꼈다면 다행이라고 생각합니다.

이 책의 발행 및 개정 때 기획 단계부터 신세를 진 출판사 관계자와 편집자분들, 더불어 모든 스태프 여러분께 진심으로 감사하다는 말씀을 드립니다. 출판 전 잡지에 연재된 기사와 이 책의 제1판을 읽은 많은 독자 여러분이 필자의 설명 부족 및 실수를 지적해 주셨으며, 격려를 아끼지 않아 주셨습니다. 자리를 빌려 깊이 감사하다는 뜻을 전합니다.

야자와 히사오

찾아보기

옮긴이 김현옥

명지대학교 일어일문학과를 졸업했으며 통신기술업체에서 다년간 번역을 담당하고 있다. 현재 번역에이전시 엔터스코리아에서 전문 번역가로 활동하고 있다.
주요 역서로는《주말에 끝내는 PHP 프로그래밍: 이틀 만에 개발 환경 구축부터 간단한 웹 애플리케이션까지》《최신 인공지능 쉽게 이해하고 넓게 활용하기 : 인공지능 상식에 지식 더하기!》《프로그래밍 천재가 되자! : 컴퓨터 구조부터 기초 코딩 교육까지》가 있다.

IT 업무의 기본이 되는 컴퓨터 구조 원리 교과서
컴퓨터의 본질을 알려주는 하드웨어·소프트웨어·자료구조·네트워크·보안의 핵심 개념

1판 1쇄 펴낸 날 2025년 4월 15일

지은이 야자와 히사오
옮긴이 김현옥
주간 안채원
책임편집 윤대호
편집 채선희, 윤성하, 장서진
디자인 김수인, 이예은
마케팅 함정윤, 김희진

펴낸이 박윤태
펴낸곳 보누스
등록 2001년 8월 17일 제313-2002-179호
주소 서울시 마포구 동교로12안길 31 보누스 4층
전화 02-333-3114
팩스 02-3143-3254
이메일 bonus@bonusbook.co.kr
인스타그램 @bonusbook_publishing

ISBN 978-89-6494-743-2 03000

• 책값은 뒤표지에 있습니다.

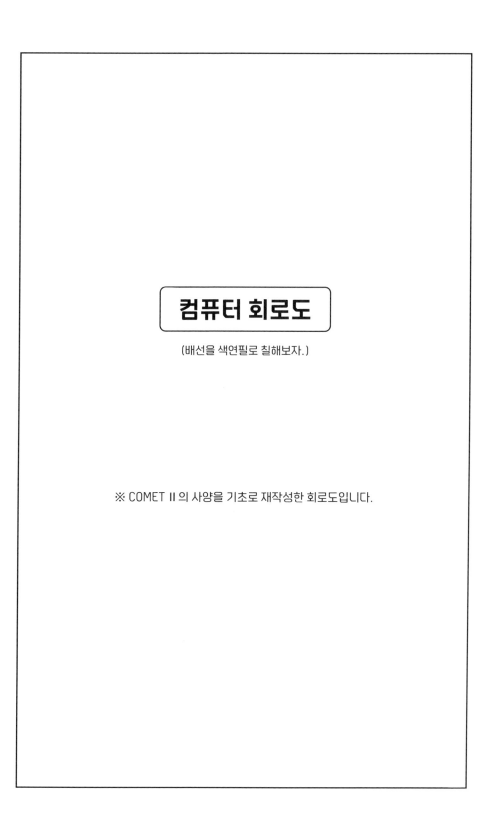

컴퓨터 회로도

(배선을 색연필로 칠해보자.)

※ COMET II 의 사양을 기초로 재작성한 회로도입니다.

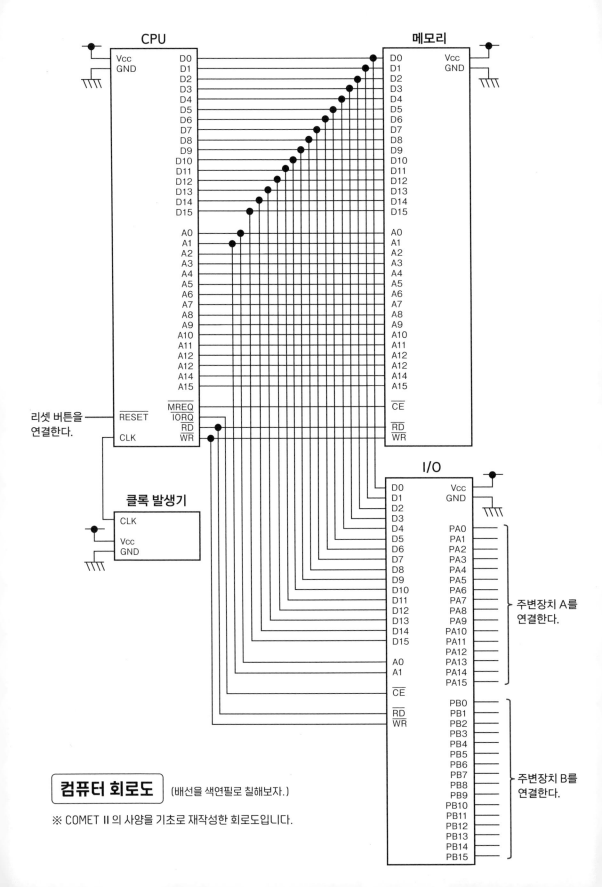

컴퓨터 회로도 (배선을 색연필로 칠해보자.)

※ COMET II 의 사양을 기초로 재작성한 회로도입니다.

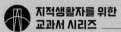

지적생활자를 위한 교과서 시리즈 ———— 지식은 현장에 있다

논리회로 구성에서 미세 공정까지,
미래 산업의 향방을 알아채는
반도체 메커니즘 해설

반도체 구조 원리 교과서

니시쿠보 야스히코 지음 | 김소영 옮김 | 280면

개발자와 프로젝트 매니저를 위한
AI 수업, 머신러닝·딥러닝·CNN·RNN·
LLM 메커니즘 해설

인공지능 구조 원리 교과서

송경빈 지음 | 남지우 그림 | 232면

자동차 구조 교과서

아오야마 모토오 지음
김정환 옮김
임옥택 감수 | 224면

자동차 정비 교과서

와키모리 히로시 지음
김정환 옮김
김태천 감수 | 216면

자동차 에코기술 교과서

다카네 히데유키 지음
김정환 옮김
류민 감수 | 200면

자동차 연비 구조 교과서

이정원 지음 | 192면

자동차 첨단기술 교과서

다카네 히데유키 지음
김정환 옮김
임옥택 감수 | 208면

전기차 첨단기술 교과서

톰 덴튼 지음
김종명 옮김 | 384면

**자동차 자율주행
기술 교과서**

이정원 지음 | 192면

자동차 운전 교과서

가와사키 준오 지음
신찬 옮김 | 208면

자동차 버튼 기능 교과서

마이클 지음 | 128면
(스프링)

자동차 엠블럼 사전

임유신, 김태진 지음 | 352면

로드바이크 진화론

나카자와 다카시 지음
김정환 옮김 | 232면

**모터사이클
구조 원리 교과서**

이치카와 가쓰히코 지음
216면

모터바이크 정비 교과서

스튜디오 택 크리에이티브
지음 | 162면

비행기 구조 교과서

나카무라 간지 지음
전종훈 옮김
김영남 감수 | 232면

비행기 엔진 교과서

나카무라 간지 지음
신찬 옮김
김영남 감수 | 232면

비행기 역학 교과서

고바야시 아키오 지음
전종훈 옮김
임진식 감수 | 256면

비행기 조종 교과서

나카무라 간지 지음
김정환 옮김
김영남 감수 | 232면

비행기 조종 기술 교과서

나카무라 간지 지음
전종훈 옮김
마대우 감수 | 224면

헬리콥터 조종 교과서

스즈키 히데오 지음
김정환 옮김 | 204면

기상 예측 교과서

후루카와 다케히코,
오키 하야토 지음
신찬 옮김 | 272면

다리 구조 교과서

시오이 유키타케 지음
김정환 옮김
문지영 감수 | 248면

권총의 과학

가노 요시노리 지음
신찬 옮김 | 240면

총의 과학

가노 요시노리 지음
신찬 옮김 | 236면

사격의 과학

가노 요시노리 지음
신찬 옮김 | 234면

잠수함의 과학

야마우치 도시히데 지음
강태욱 옮김 | 224면

항공모함의 과학

가키타니 데쓰야 지음
신찬 옮김 | 224면

악기 구조 교과서

야나기다 마스조 지음
안혜은 옮김
최원석 감수 | 228면

홈 레코딩 마스터 교과서

김현부 지음
윤여문 감수 | 450면

**꼬마빌딩 건축
실전 교과서**

김주창 지음 | 313면

**조명 인테리어
셀프 교과서**

김은희 지음 | 232면